SALVATORE CARMELO ZINGALE

LA SAPIENZA E LA CULTURA DELLA SICILIA ANTICA

PREGHIERE DETTI STORIE E PROVERBI

Volume II

DEDICA

"…Deh, quando tu sarai tornato al mondo

e riposato de la lunga via",

seguitò 'l terzo spirito al secondo,

Ricorditi di me, che son la Pia;

Siena mi fé, disfecemi Maremma:

salsi colui che 'nnanellata pria

disposando m'avea con la sua gemma.""

Canto V (130-136) Incontro fra Dante e Virgilio
con Pia de' Tolomei
Il Purgatorio Dante Alighieri

Dante, Virgil and Pia de' Tolomei by *Gustave Doré.*
https://en.wikipedia.org/wiki/Pia_de%27_Tolomei#La_Pia

4

LA SAPIENZA E LA CULTURA DELLA SICILIA ANTICA   *Volume II*

RINGRAZIAMENTI

I miei ringraziamenti,

vanno ai miei amici e parenti che hanno voluto contribuire con i loro antichi ricordi.

E soprattutto a mia mamma Rosa Ragusa, ed a mia moglie Valentina Donnini per la sua preziosissima collaborazione, non per ultimi lo dedico ai miei figli Alessandro, Monica e Alessio Zingale.

6

LA SAPIENZA E LA CULTURA DELLA SICILIA ANTICA *Volume II*

INTRODUZIONE

Questo è il II Volume della collana *"LA SAPIENZA E LA CULTURA DELLA SICILIA ANTICA"* che contiene parti del I Volume.

Aggiunge altre preghiere, detti, storie e proverbi dell'antica Sicilia, non presenti nel I Volume, partendo dalla fine del 1700 circa in poi.

LA SAPIENZA E LA CULTURA DELLA SICILIA ANTICA   *Volume II*

PREGHIERE

https://pixabay.com/it/

del ROSARIO

Mi scura e nammi sasu du magghiorna,
a chi natra ura sugnu a natra banna,
cu vadi a chiddu munno chiù nun torna,
Gesù Cristu ni duna la cunnanna.

Rispunni Maria da bedda donna:
cu eni scrittu nu ma libro nun s'adanna,
se vui salvare l'arma inta la bucuzza aviri a mia,
quant'è beddu stù nome di chiamare Matruzza di
 lu Carminu Maria.

Traduzione

Si fa buio e non so se domani mattina si fa giorno,
fra un'ora posso essere in un altro posto,
chi va all'altro mondo più non torna,
Gesù Cristo ci dona la condanna.

Risponde la Madonna Maria la bella donna:

"Chi è scritto dentro il mio libro non sarà condannato,
se vuoi salvare l'anima invocami",
quanto è bello il nome Madonna del Carmelo.

Spiegazione

Questa preghiera parla di una donna, la quale è senza cultura ma molto sapiente in quanto lei ha la certezza della morte.

La morte si può verificare anche improvvisamente infatti, la donna si mette a letto e non sa se domani si risveglia, lei ha paura di non essere pronta e quindi di essere condannata, perché dalla morte indietro non si può tornare.

Quando questa preghiera viene recitata, si presume che si riceve una grazia dalla Vergine Maria del Carmelo, in quanto colui che la dice non sarà più condannato.

del ROSARIO a MARIA

O Maria di lu rusariu,
lu vostru nomi è bell'assai,
bell'assai siti Rigina,
v'appresentu stu rusariu stasira,
si ce quacchi mancamentu,
mi l'aviti appirdunari.

E Maria risponni e dici:
"Figghia mia nan dubitari,
chi lu tempu ca perdutu
 ti lu fazzu vadagnari,
finu alla morti,
ti vegnu accumpagnari,
a tia e tutti quanti i cristiani,
e dall'Ancilu ti fazzu pigghiari".

Tutta bella siti o Maria,
tuttu bellu e u vostru viso,
si iu moru l'arma mia,
 v'à portati in paradisu.

Biniditta sia che d'ura,

chi calau lu cielu n'terra,

lu figghiolu di Maria,

pigghia morti e passioni

pi salvari l'armuzza mia.

O dolcissimu miu Gesu,

di piccari nun sia chiù ,

mi ni dogliu e mi ni pentu,

lu divinu sacramentu.

Quat'è finu stu Signore,

veramenti Diu d'amuri,

tira cori menti e sciatu,

Viva Diu sacramentatu.

Traduzione

O Maria del rosario,

il vostro nome e molto bello,

molto bello, siete la Regina,

vi dedico questo rosario stasera,

se c'è qualche mancanza,
me la dovete perdonare.

e Maria risponde e dice:
"Figlia mia non dubitare,
che il tempo che hai perduto,
te lo faccio guadagnare,
fino alla morte ti vengo accompagnare,
a te e a tutti quanti i cristiani,
e dall'Angelo ti faccio accompagnare".

Molto bella siete Maria,
e molto bello è il vostro viso,
se io muoio l'anima mia,
la portate in cielo.

Benedetta sia quell'ora,
che si è abbassato il cielo fino alla terra,
il figliolo di Maria,
si è preso la passione e la morte,
per salvare l'anima mia.

O dolcissimo Gesù,

di peccare non voglio più,
me ne dolgo e me ne pento,
per il divino sacramento,
Quanto e buono questo Signore,
veramente è Dio d'amore,
trascina il cuore la mente e il fiato,
evviva Dio Sacramento.

Spiegazione

La preghiera parla di una donna che recita il rosario, lei ha la convinzione di essere nel peccato e prega la Vergine Maria di perdonarla.

La Vergine Maria le risponde di non preoccuparsi in quanto il tempo che lei pensa sia perduto glielo farà riguadagnare, e dagli Angeli la farà accompagnare in questo cammino del peccato verso la redenzione.

https://pixabay.com/it/

a Sant' ANTONIO

Santu Antuninu,
munacheddu finu,
in bracciu purtasti a Gesù Bambino,
tridici razzi faciti di cuntinu,
cunciditili a nui,
Sant'Antuninu.

Sant'Antuninu gluriusu,
lu me cori è cunfusu,
cunciditi la razzia a mia,
avanti ca sona l'Ave Maria,
cunciditila sta jurnata,
vogghiu essiri cunsulata.

Traduzione

Sant'Antonino,
monachello fine,
in braccio portasti a Gesù Bambino,
tredici grazie fate di continuo,

concedetele a noi,
Sant'Antonino.

Sant'Antonino glorioso,
il mio cuore è confuso,
concedete la grazia a me,
prima che suoni l'avemaria,
concedetela in questa giornata,
voglio essere consolata.

dopo la LITANIA alla Vergine MARIA

Siti rosa priziusa,
di lu Spiritu Santu Spusa,
siti Matri di l'Eternu,
liberatini dill'infernu,
Sacratissima Rigina,
lu Rusariu stasira,
accittatilu pi l'amuri,
di nuatri piccaturi,
e si c'eni mancamentu,
Santu Minicu climentu,
ci li faci pirdunari,
pi putirini sarvari,
quannu è ura d'agonia,
assistitici o Maria.

Un Patri Nostru e un'Avi Maria,
a Santu Minicu,
a Santa Caterinuzza di Siena,
mi ci apprisenta,
sti cinqu posti di Rusariu,

o cori purissimu,
di Maria Santissima,
in gloria sua e sculpa,
e pinitenza di nostri piccati.

Traduzione

Siete rosa preziosa,
dello Spirito Santo Sposa,
siete Madre dell'Eterno,
liberatemi dall'Inferno,
Sacra Regina,
il Rosario stasera,
accettalo per l'amore,
di noi peccatori,
e c'è qualche mancanza,
Santa Monica clemente,
ce li fa perdonare,
per potermi salvare,
quando è l'ora dell'agonia,
assistitici o Maria.

Un Padre Nostro e un Ave Maria,

a Santa Monica,
a Santa Caterina da Siena,

mi si rappresenta,
questi cinque posti del Rosario,
o cuore purissimo,
di Maria Santissima,
in gloria sua e senza colpa,
e penitenza dei nostri peccati.

https://pixabay.com/it/

quando si va a DORMIRE

Jeu mi curcu 'na stu lettu,
cu Gesù supra lu pettu,
c'è 'na ranni firmatura,
Rosa e n'aviri paura.

Jeu mi curcu 'na stu lettu,
cu Maria supra lu pettu,
se jeu dormu e idda vigghia,
 si c'è cosa m'arruvigghia.

Nun ti cridiri chi sugnu sulu,
sugnu giustu accumpagnatu,
cu quattru anciuli a lu latu,
dui da testa e dui di pedi,
'nta la menzu San Micheli.

Jeu mi curcu pi durmiri,
ma non sacciu sè muriri,
jeu sacciu la curcata,
ma non sacciu la susata.

'Na stu lettu mi curcu jeu,
e cincu santi trovi jeu,
di la testa e di li pedi,
'na stu mezzu Signuri teni,
Madunnuzza di la Scala,
jeu dormu e idda mi chiama,
chiamatemi a bon'ura,
non mi scantu e non haiu paura,
l'armuzza è di Gesù, e Gesù chi la duna.

Gesù, mi mettu ni li tò mani,
tenimi strittu finu a dumani,
Bedda Matri di mezzanotti,
chi a tutti banni battiti li porti,
'nni mia non c'iata vinutu,
Bedda Matri, datimi aiutu.

Darreri la porta mia,
c'è lu mantu di Maria,
intra viria e di fora rocca,
la mala friscula non mi tocca.

'Nmezzu di la via,

c'è la Vergini Maria,
supra la cascia chi 'nfascia,
annintra Santa Ninfa,
fora San Nicola,
o Sant'Angeli di Diu,
vui chi stati a latu miu,
oh 'nzignatimi la via,
fina all'ura da morti mia.

Sant'Anna me vene nanna,
u Signuruzzo me vene padre,
a bedda Madre me vene mamma,
i Serafini me vennu cuscini,
ora che aio st'amici fedeli,
mi fazzu la croci e mi mettu a durmì.

Cu Gesu mi curco e cu Gesu mi staiu,
iaiu a Gesuzzo e paura non aiu.

Traduzione

Io mi corico dentro a questo letto,
con Gesù sopra il petto,

c'è una grande segnatura,
Rosa e non avere paura.

Io mi corico dentro a questo letto,

con Maria sopra il petto,

se io dormo e lei mi veglia,
se c'è qualche cosa mi risveglia.

Non ti credere che sono solo,
sono giusto accompagnato,
con i quattro angeli a lato,
due in testa e due ai piedi,
nel mezzo c'è San Michele.

Io mi corico per dormire,
ma non so se muoio,
io so che mi corico,
ma non so se mi sveglio.

Dentro questo letto mi corico io,
e cinque santi trovo io,

in testa e nei piedi,
nel mezzo il Signore sta,
Madonna della Scala,
io dormo e lei mi chiama,
mi ha chiamato di buon'ora,
non mi metto paura,
l'anima è di Gesù, e Gesù che la dona.

Gesù, mi metto dentro le tue mani,

tienimi stretto fino a domani,
Bella Madre di mezzanotte,
che a tutte le parti vai e batti le porte,
da me non ci sei venuta,
Bella Madre, dammi aiuto.

Dietro la porta mia,
c'è il manto di Maria,
dentro il ramo e fuori la rocca,
la mala sorte non mi tocca.

In mezzo alla via,
c'è la Vergine Maria,

sopra la quiete chi s'infascia,

dentro Santa Ninfa,

fuori San Nicola,

o Sant'Angeli di Dio,

voi che state a lato mio,

oh insegnatemi la via,

fino all'ora della mia morte.

S'Anna è mia nonna,

il Signore è mio padre,

la bella madre è mia mamma,

i Serafini sono i miei cugini e sono amici fedeli,

mi faccio la croce e mi metto a dormire.

Con Gesù mi addormento e con Gesù mi sto,

se sto con Gesù paura non ho.

https://pixabay.com/it/

LA SAPIENZA E LA CULTURA DELLA SICILIA ANTICA   *Volume II*

prima di DORMIRE

Di stu lettu,
mi ci curcu iu,
quattru santi,
ci metta Diu,
dui alla testa,
dui alli peri,
'nmezzu c'è,
'u Signuri Diu.

Iddu mi dissi,
Iddu mi scrissi,
chi la cruci,
mi facissi.

"Dormi e riposa,
En nun pinsari,
a nudda cosa."

Sutta u cuscinu,
c'è Sant'Agostino,

sutta 'u linzolu,
c'è San Nicola,
'ddo gnuni gnuni,
c'è 'u Signuri,

Ora chi avemmu,
sta cruci e semmu fidili,
facemmini a cruci,
e vulemmu durmiri.

Haiu chiusu,
la ma porta,
'ccu li chiavi di Maria,
e 'ccu veni 'n casa mia,
'unn 'aviri né forza,
e mancu valia,
Amen.

Traduzione

Dentro questo letto,
mi corico io,
quattro santi,

ci mette Dio,
due alla testa,
due ai piedi,
in mezzo c'è,
il Signore Dio.

Lui mi disse,
Lui mi scrisse,
che la croce,
mi dovevo fare.

"Dormi e riposa,
E non pensare,
a nessuna cosa."

Sutto il cuscino,
c'è Sant'Agostino,
sotto il lenzuolo,
c'è San Nicola,
all'angolo,
c'è il Signore.

Ora che abbiamo,

questa croce e siamo fedeli,

facciamoci la croce,

e andiamo a dormire.

Ho chiuso,

la mia porta,

con le chiavi di Maria,

e chi viene in casa mia,

non deve avere niente forza,

e manco vigore,

Amen.

per la benedizione del PANE

San Crimenti,
'mpudda nenti!
Santa Zita,
bianca e russa la muddica!

Sant'Onuratu,
né àimu, né passatu!

Santa Catarina,
lu pani comu chiddu d'à riggina!

San Cristòfulu,
chistu pani comu un jalòfuru!

San Micheli,
mittici l'anca cu tuttu lu peri!

San Bortulumiu,
chistu pani quantu un munnìu!

San Mattia,
chistu pani dù munnìa!

Santu Vitu,
chistu pani quantu un maritu!

E ora ch'é finuta la fatìa mia,
faciti Vui Gesuzzu e Maria!

Traduzione

S.Clemente,
che non venga male!

Santa Rita,
che sia bianca e rossa la mollica!

Sant'Onorato,
né azzimo, né troppo cotto!

Santa Caterina,
che sia bello come quello della regina!

San Cristoforo,
che si apra in bella crosta, come un garofano!

San Michele,
metti l'anca con tutto il piede!

San Bartolomeo,
che il pane "cresca" quanto il mondo!

San Mattia,
che cresca quanto due mondi!

Santo Vito,
che sia bello e grande quanto un marito!

Ed ora che è finita la fatica mia,
fate Voi Gesù e Maria!

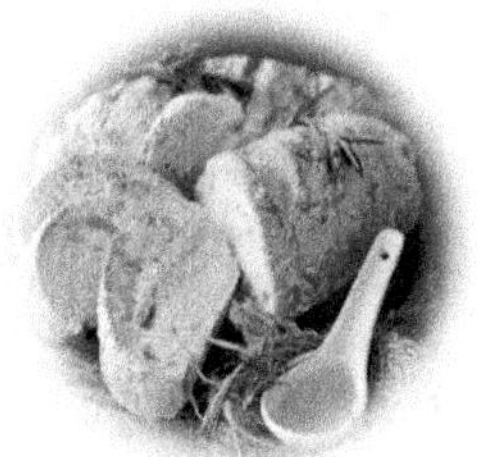

https://pixabay.com/it/

Per la Vergine MARIA bambina

E' festa ranni,
pi tuttu lu munnu,
pu cielu e pu mari,
senza funnu,
è iuornu di festa,
pi tutta a genti,
nasci Maria,
rigina putenti!
nasci i Sant'Anna,
ed è 'mperatrici,
di tuttu u cielu,,
suvrana filici!
cantati ancili!
cantati Santi!
è iuornu di festa,
e senza scanti!
Picciridduzza bedda,
e amurusa
prea pi l'arma nostra,
ca è cunfusa.

Traduzione

È festa grande,
per tutto il mondo,
per il cielo e il mare,
senza fondo,
è giorno di festa,
per tutta la gente,
nasce Maria,
regina potente!
Nasce da Sant'Anna,
ed è imperatrice,
di tutto il cielo,
sovrana felice!
Cantate angeli!
Cantate Santi!
È giorno di festa,
e senza spaventi!
Bambina bella,
e amorosa
prega per l'anima nostra,
che è confusa.

i sette dolori della VERGINE MARIA

I - Dolore

Maria dulenti,
e Matri scunzulata,
lu vecchiu Simiuni,
vi chiamava,
chista fu la 'cchiù,
acuta e prima spata,
chi lu cori a Maria,
ci trapassau.

Anima cristiana spinsirata,
pensa chi gran duluri,
chi pruvau,
Dici:
"pi pietà di chista spata,
vi cumpatisciu,
Matri Addulurata."

Pater, Ave e Gloria.

Santa Matri,

assai dulenti,

hai sculpitu fortimenti,

'nna lu cori e 'na la menti,

di Gesù li patimenti,

e la morti assai pinusa,

Santa Matri Addilurusa.

II - Dolore

Appena natu,

l'amato Signuri,

Erodi p'ammazzarulu,

nisciu un edittu,

chi pena fu chistu duluri,

e cu spasimi lu fuisti in Egittu.

Divoti di Maria,

s'aviti amuri,

guardati lu su cori,

comu è trafittu,

e diciti:

"almenu pi sta spata,
vi cumpatisciu,

Matri Addulurata."

Pater, Ave e Gloria.
Santa Matri,
assai dulenti,
hai sculpitu fortimenti,
'nna lu cori e 'na la menti,
di Gesù li patimenti,
e la morti assai pinusa,
Santa Matri Addulurusa.

III - Dolore

Lu Figghiu chi,
tantu chiamau,
'nmenzu a gran fudda,
si perdiu chiancemmu,
la gran bedda Maria,
spasimau pinzannu,
c'ava persu lu so Diu.

Dunca,
si sta Regina spasimava,
stu cori si non chianci,
e troppu arriu,

almenu dici chiancennu:
"pi sta spata vi cumpatisciu,
Matri Addulurata."

Pater, Ave e Gloria.
Santa Matri,
assai dulenti,
hai sculpitu fortimenti,
'nna lu cori e 'na la menti,
di Gesù li patimenti,
e la morti assai pinusa,
Santa Matri Addulurusa.

IV - Dolore

Divoti di Maria,
si aviti amuri,
cunzidirati l'amara licenza,

pinzati si fu acuti,
e gran duluri,
di la Matri e lu Figghiu,
la spartenza.

Chi cori ingratu,
cori tradituri mustra,

st'amarizza e dispiacenza,
e dicci ora chiancennu:
"pi sta spata vi cumpatisciu,
Matri Addulurata."

Pater, Ave e Gloria.
Santa Matri,
assai dulenti,
hai sculpitu fortimenti,
'nna lu cori e 'na la menti,
di Gesù li patimenti,
e la morti assai pinusa,
Santa Matri Addulurusa.

V - Dolore

Animi cristiani,
cuntimplati stu quintu,
e gran duluri di Maria,
ammenzu di tiranni arrabbiati,
s'incontra cu Gesuzzo pi la via.

Chi incontru dulurusu,
dicennu dunca almenu:
"pi sta spata vi cumpatisciu,

Matri Addulurata."

Pater, Ave e Gloria.
Santa Matri,
assai dulenti,
hai sculpitu fortimenti,
'nna lu cori e 'na la menti,
di Gesù li patimenti,
e la morti assai pinusa,
Santa Matri Addulurusa.

VI - *Dolore*

Dulenti in cruci,
nudu e virgugnatu,
vidi lu Figghiu so,
l'Addulurata,
a Figghiu dici chiancennu:
"Figghiu amatu criu chi,
nun c'è cori ingratu,
chi nun senti pietà,
'nta sta iurnata."

E nun dici chiancennu:

"pi sta spata vi cumpatisciu,
Matri Addulurata."

Pater, Ave e Gloria.
Santa Matri,
assai dulenti,
hai sculpitu fortimenti,
'nna lu cori e 'na la menti,

di Gesù li patimenti,
e la morti assai pinusa,
Santa Matri Addulurusa.

VII - Dolore

'Ncruci è morto,
insanguinatu Gesù,
fu datu ne vrazza di Maria,
era tantu laciru e trasfurmatu,
chi la Matri sua nun lu canusci.

Cunzidirati a Maria,
na chistu statu chi pena,
chi duluri arricivi,
dicci chiancennu:
"pi sta spata vi cumpatisciu,

Matri Addulurata."

Pater, Ave e Gloria.
Santa Matri,
assai dulenti,

hai sculpitu fortimenti,
'nna lu cori e 'na la menti,
di Gesù li patimenti,
e la morti assai pinusa,
Santa Matri Addulurusa.

Traduzione
i sette dolori della VERGINE MARIA

I - Dolore

Maria dolente,

e Madre sconsolata,

il vecchio Simone,

vi chiamava,

questa fu la più,

acuta e prima spada,

che il cuore a Maria,

ha trapassato.

Anima cristiana spensierata,

pensa che gran dolore,

che ha provato,

Dici:

"per pietà di questa spada,

vi compatisco,

Madre Addolorata."

Padre, Ave e Gloria.

Santa Madre,

assai dolente,

hai scolpito fortemente,

nel cuore e nella mente,

di Gesù i patimenti,

e la morte assai penosa,

Santa Madre Addolorata.

II - Dolore

Appena nato,

l'amato Signore,

Erode per ammazzarlo,

uscii un editto,

che pena fu questo dolore,

e che spasimo che fuggisti in Egitto.

Devoti di Maria,

se avete amore,

guardati il suo cuore,

come è trafitto,

e dite:

"almeno per questa spada,

vi compatisco,
Madre Addolorata."

Padre, Ave e Gloria.
Santa Madre,
assai dolente,
hai scolpito fortemente,
nel cuore e nella mente,
di Gesù i patimenti,
e la morte assai penosa,
Santa Madre Addolorata.

III - *Dolore*

Il Figlio che,
tanto chiamavi,
'in mezzo alla gran folla,
si perdeva piangendo,
e la gran bella Maria,
spasimava pensando,
che aveva perso il suo Dio.

Dunque,

se questa Regina spasimava,
questo cuore se non piange,
e troppo arrabbiato,
almeno dite piangendo:
"per questa spada vi compatisco,
Madre Addolorata."

Padre, Ave e Gloria.
Santa Madre,
assai dolente,
hai scolpito fortemente,
nel cuore e nella mente,
di Gesù i patimenti,
e la morte assai penosa,
Santa Madre Addolorata.

IV - Dolore

Devoti di Maria,
se avete amore,
concederai l'amara licenza,
pensate si fanno acuti,
e grandi dolori,

della Madre e del Figlio,
la separazione.

Che cuori ingrati,
cuori traditori mostrate,
quest'amarezza e dispiacere,
e dite ora piangendo:
"per questa spada vi compatisco,
Madre Addolorata."

Padre, Ave e Gloria.
Santa Madre,
assai dolente,
hai scolpito fortemente,
nel cuore e nella mente,
di Gesù i patimenti,
e la morte assai penosa,
Santa Madre Addolorata.

V - Dolore

Anime cristiane,
contemplasti questo quinto,

e gran dolore di Maria,
in mezzo ai tiranni arrabbiati,
s'incontra con Gesuzzo per la strada.

Che incontro doloroso,
dicendo dunque almeno:
"per questa spada vi compatisco,
Madre Addolorata."

Padre, Ave e Gloria.
Santa Madre,
assai dolente,

hai scolpito fortemente,
nel cuore e nella mente,
di Gesù i patimenti,
e la morte assai penosa,
Santa Madre Addolorata.

VI - Dolore

Dolenti in croce,
nudo e con vergogna,

vide il suo Figlio,
l'Addolorata,
al Figlio dice piangendo:
"Figlio amato credo che,
non c'è cuore ingrato,
che non sente pietà,
in questa giornata."

E non dite piangendo:
"per questa spada vi compatisco,
Madre Addolorata."

Padre, Ave e Gloria.
Santa Madre,
assai dolente,

hai scolpito fortemente,
nel cuore e nella mente,
di Gesù i patimenti,
e la morte assai penosa,
Santa Madre Addolorata.

VII - *Dolore*

In croce è morto,
insanguinato Gesù,
fu dato in braccio a Maria,
era tanto lacerato e trasformato,
che la Madre sua non lo riconosceva.

Concederai a Maria,
in questo stato che pena,
che dolori le arrivavano,
dite piangendo:
"per questa spada vi compatisco,
Madre Addolorata."

Padre, Ave e Gloria.
Santa Madre,
assai dolente,
hai scolpito fortemente,

nel cuore e nella mente,
di Gesù i patimenti,
e la morte assai penosa,

Santa Madre Addolorata.

https://pixabay.com/it/

della buonanotte alla MADONNA

Bonanotti Gran Signura,
Vergini Matri granni e pura.

Vui stanotti durmiti cu mia
e m 'arruspigghia l 'Avimmaria.

Traduzione

Buonanotte Gran Signora,
Vergine Madre grande e pura,

Voi stanotte dormite con me,
e mi sveglierà dell'avemaria.

58

https://pixabay.com/it/

all' ANGELO

Ancilu di la vera vuci,
iti ni 'dda iddu e ci rati tri vuci:
"Chi fu? Picchì non vinni?
Cu fu ca lu trattinni?
Mi lassa amici e parenti,
e mi veni prestamenti."

Ancilu di la bella vuci,
dimmi du iddu,
Su è di si,
cosi boni m'ata fari sentiri,
cani abbaiari,
machini sunari,
genti parrari.

Su è di no,
mali signali m'ata dari,
tussiri,
potti sbattiri,
campani sunari.

Traduzione

Angelo della vera luce,

andate da lui e gridate tre volte:

Chi è stato? Perché non è venuto?

Chi è stato a trattenerlo?

Deve lasciare amici e parenti,

e deve venire prestamente (in fretta).

Angelo della bella voce,

dimmi di lui,

Se è si,

cose buone mi dovete far sentire,

cani abbaiare,

macchine suonare,

gente parlare.

Se è no,

cattivi segnali mi dovete dare,

tossire,

porte sbattere,

campane suonare.

a San GIUSEPPE

Patriarca di San Giuseppi,
Ca di grazii nn'aviti setti,
Una di chissa mi nn'ata dari,
Sta iurnata nunn' ava' scurari,
Ca m'aviti a cunsulari,
San Giuseppi gluriusu,
Lu ma cori quant' e' cunfusu,
Pi stu Bamminu,
c'aviti affirratu a la manu,
Datimilla sta grazia,
di manu a manu.

Traduzione

Patriarca San Giuseppe,
che di grazie ne avete sette,
una di queste mi dovete dare,
questa giornata non deve finire,
che mi dovete consolare.
San Giuseppe Glorioso,

il mio cuore quant'è confuso,

per questo bambino,

che avete afferrato a la mano,

datemi questa grazia,

a mano a mano.

https://pixabay.com/it/

per il SOLE

Nesci suli, nesci suli,

ppi lu Santu Savvaturi,

ppi la luna e ppi li stiddi,

ppi 'sti poviri picciriddi,

ppi ccu nun havi li dinari,

p'accattarisi lu manciari.

Traduzione

Esci sole, esci sole,

per il Santo Salvatore,

per la luna e per le stelle,

per questi poveri bambini,

per chi non ha denari,

per comprarsi il mangiare.

per le EPIDEMIE

Oh Santissima,
Matri divina,
ca di celu e terra,
siti la riggina,
c'è stu mali ca camina,
ncatinatilu cu la vostra catina.

Mannatilu luntanu, luntanu,
e cu li vostri mani forti,
chiuditicci li porti,
lu vostru mantu ni cunsola,
nuatri intra e stu mali,
fora!

Traduzione

Oh Santissima,
Madre divina,
che di cielo e terra,
siete la regina,

c'è questo male che cammina,
incatenatelo con la vostra catena.

Mandatelo lontano, lontano,
e con le vostre mani forti,
chiudetegli le porte,
il vostro manto ci consola,
noi dentro e questo male,
fuori!

Fonte : https://www.santodelgiorno.it/santa-brigida-di-svezia/santino/

per Santa BRIGIDA

Briccita santa 'nginucchiunu,
stava davanti a un Crucifissu,
ca chianceva,
la Santa Passioni cunsidirava,
la cruna di li spini si mintiva,
e cu na manu na torcia addumava,
cu l'antra manu un libbru ca liggiva:
"Gesù ti pregu di la me 'ntinzioni,
rivelami la Santa Passioni."

Lu Crucifissu ca c'arrispunniu,
t'annu ca santa Briccita parlau,
ci cuntà li flagelli ca patìu,
e la Passioni ci la rivilau.

Briccita cadì 'nterra e scanuscìu,
tuttu lu pettu 'i larmi si lavau.

"Briccita do stillariu 'nnammurata,
ti vogliu dari socchi ti prumisi,

a cu si penti di li so' piccati,
l'abbrazzu e mi lu portu 'mparadisu,
 quannu ddu Giuda maccu mi tradìu
t'annu du muffuluna mi jittàu,
chisti sunu li peni ch'haju patutu,
setti surdati attaccavanu a mia,
deci pugna a li labbra m'hanu datu,
setti voti cadivu pi la via,
'nta setti mazzi di spini mi 'nfasciàru,
unu chi mi battìa cu la catina,
non putìa stari susutu a la matina,
ca era niru chiù di lu cravuni,
'nta 'dda notti ca mi fracillaru
tri ossa di la spadda mi niscèru.
t'annu spuntò la Stidda Matutina,
pi 'na parola 'i me' matri mischina,
appi seicentuvinti muffuluni,
 Pilatu s'affaccia' di lu barcuni,
e contra di li Judei si misi a diri:
-Ch'ancora vi ni vuliti saziàri?
Chi omu è chissu e lassatulu jiri,
È fracillatu e non po' chiù campari!-
Rispunnìu la turba 'ncoscienti:

"Lu vulèmu nui crucificari"
comu di novu m'appiru a 'n putìri,
di novu si mittèru a fracillari,
quannu a monti Carvaniu mi 'nchianàru,
'na corda a lu coddu m'attaccàru,
e tutti li capiddi mi scipparu,
na cruci nda li spaddi mi minteru,
pi tutta la città mi cunnucèru,
ddà m'hannu datu na spinta mortali,
m'hannu siccatu li nerbi e li vini,
cadìu ddà'nterra cu tutta la cruci,
era tanta pisanti la me' cruci,
la facci e li jinocchia mi scurciài,
di nudda cosa a mia mi ni dispiaci,
quantu ch'appressu a mia me' matri duci,
acchianava e chiangìa senza cunsolu,
dicennu : figghiu miu moru moru."

Cu pi quaranta jorna si la dici,
la Vergini Maria lu binidici,
cu pi quaranta jorna la dirà,
peni d'infernu non ni passirà,
cu pi quaranta jorna la fa diri,

peni d'infennu non ni po' patìri,
e tri jorna prima di lu so muriri,
Santa Briccita ci lu sapi a diri.

Chista è a prijera do Signuri nostru,
"Dicemmu n'Avirmaria e Paternostru."

Traduzione

Santa Brigida stava in ginocchio
stava davanti ad un Crocifisso,
che piangeva,
la Santa Passione considerava,
si poneva sul capo la corona di spine,
e con una mano accendeva una torcia,
con l'altra mano leggeva un libro:
"Gesù ti prego accogli la mia preghiera,
rivelami la Santa Passione."

Il Crocifisso rispondendo,
alla richiesta di Santa Brigida,
le raccontò i flagelli che patì,
e le rivelò la Passione.

Brigida cadde a terra e svenne,
e riempì il suo petto di lacrime.

"Brigida, innamorata del manto stellato,
ti voglio concedere ciò che ti ho promesso,

chi si pente dei propri peccati,

io lo abbraccerò e lo porterò in Paradiso,

quando Giuda folle mi tradì,

allora mi diedero due schiaffi,

queste sono le pene che ho patito,

sette soldati mi legarono,

dieci pugni al labbro mi hanno dato,

sette volte caddi per la via,

con sette mazzi di spine mi fasciarono,

uno mi batteva con la catena,

tanto che al mattino non potevo stare in piedi,

perché ero nero come il carbone,

in quella notte che mi flagellarono

mi uscirono tre ossa della spalla,

allora sorse la Stella del Mattino,

per una parola della mia povera Madre,

ebbe seicentoventi schiaffi,

Pilato si affacciò al balcone

e disse ai Giudei:

- Volete ancora saziarvi?

È stato flagellato è mezzo morto! -

Rispose la folla incosciente:

-Lo vogliamo crocifiggere".

appena mi presero di nuovo,
mi flagellarono ancora,
quando al Monte Calvario mi condussero,
mi legarono una corda al collo,

e mi strapparono tutti i capelli,
mi misero una croce sulle spalle,
e mi condussero per tutta la città,
là mi diedero una forte spinta,
mi si asciugarono i nervi e le vene,
caddi a terra con la croce,
era molto pesante la mia croce,
la faccia e le ginocchia mi scorticai,
ma l'unica cosa di cui mi dispiaccio,
è l'aver visto la mia dolce Madre dietro me,
che saliva e piangeva sconsolata,
dicendo: "Figlio mio, muoio, muoio."

Chi recita per quaranta giorni questa preghiera,
sarà benedetto dalla Vergine Maria,
chi la dirà per quaranta giorni,
non passerà le pene dell'inferno,
chi la farà dire per quaranta giorni,

non potrà patire le pene dell'inferno,
e tre giorni prima della sua morte,
Santa Brigida lo verrà ad avvisare.

Questa è la preghiera di Nostro Signore:
"Diciamo un Ave Maria e un Padre Nostro."

per la Vergine ADDOLORATA

Bedda Matri Addulurata,
'ndi lu visu stracanciata,
'sta iurnata n'avi a passari,
ca Vui n'aviti cunzulari,
mascariatu è lu vostru cori,
ca lu munnu 'ngratu funi,
e a lu travu fu 'nchiuvatu,
Gesù Cristu 'mmaculatu,
e a lu pedi di la cruci,
'ndi lu sciallu 'ncupunata,
resta petra senza vuci.

Oh Maria Addulurata,
setti spati passaru d'o cori,
ca ranni assai fu ddu duluri,
e lu to mantu è listatu a luttu,
pirchì lu munnu ha piccatu tuttu,
Giuvanni sbarrati l'ucchi tinìa,
mentri affannatu t'impara la via,
quannu a la giunta ti porta la nova,

a Cristu abbrazzasti,
tra li lampi e li trona.

Traduzione

Bella Madre Addolorata,
in viso rattristita,
questa giornata non deve passare,
che Voi ci dovete consolare,
annerito è il vostro cuore,
che il mondo fu ingrato,
e nella trave fu inchiodato,
Gesù Cristo Immacolato,
e ai piedi della Croce,
dentro lo scialle imbacuccata,
resta pietra senza voce.

Oh Maria Addolorata,
sette spade passarono dal cuore,
che grande assai fu quel dolore,
e il tuo manto è listato a lutto,
perché il mondo ha peccato tutto,
Giovanni teneva gli occhi spalancati,

mentre affannato ti insegnava la via,
e quando, poi, ti portò la brutta notizia,
a Cristo abbracciasti,
tra lampi e tuoni.

https://www.santodelgiorno.it/beata-vergine-maria-addolorata/santino/

per le anime dei SANTI

Armi e corpi dicullati,

unni fustivu arrivatu,

unni fustivu carzaratu,

la santa scala,

ch'acchianastivu,

lu santu credu,

chi dicistivu,

terra materna,

lu sangu chi spargistivu,

pi la terra,

arma e corpi dicullati

a me sta grazzia,

m'aviti a fare,

'n sonnu m'aviti a vinari

e boni cosi m'avìti a purtari:

"jaddu cantari

campani sunari

pirsuni cantari

sanciovanni parrai

chista è la bona notizia

chi m'aviti a purtari."

Armi santi di la cruci
faciti un viaggio a la cruci.

Faciti beni ca beni vi truvati
ca Diu vi paga la caritati.

Traduzione

Anime e corpi decollati,
dove foste arrivati,
dove foste carcerati,
la santa scala,
che salite,
il santo credo,
che diceste,
terra materna,
il sangue che spargeste,
per la terra,
anime e corpi decollati,
questa grazia,
dovete farmi,

in sogno dovete venirmi,

e cose buone dovete portarmi:

"gallo cantare,

campana suonare,

persone cantare,

compare parlare,

questa è la buona notizia,

che dovete portarmi."

Anime sante della croce
fate un viaggio alla croce.

Fate del bene e del bene troverete
poiché Dio vi paga la carità.

dentro e fuori il FOCOLARE

Jeu me chiudu la porta mia,
c'è lu mantu di Maria,
d'intra porta e fori a rocca,
nudda mala pirsuna ca mi tocca.

Traduzione

Io mi chiudo la porta,
c'è la veste di Maria,
dentro la porta e fuori la rocca,
nessuna cattiva persona mi tocca.

Spiegazione

Dentro casa e fuori l'uscio se si recita questa
preghiera si è protetti dalla Vergine Maria.

per la confessione alla VERGINE MARIA

Chistu lu munno de peccato fusse,
cu vui Madre di Dio me confessassi,
l'Angelo a lu capizzo mi mettitisti,
cu sà stanotte suddu c'a murissi,
li m'ai peccati non me ricurdassi,
di chiddi che me sunno arricordati
me faccio la culpa de li mi peccati,
 culpa, culpa, ma massima culpa.

Traduzione

Questo è il mondo dei peccati,
con voi madre di Dio vorrei confessarmi,
l'Angelo al capezzale vorrei che mi metti,
se morissi questa notte,
i miei peccati non li ricordo,
di quelli che mi sono ricordato,
mi pento dei miei peccati,
colpa, colpa, mia massima colpa.

https://pixabay.com/

Offerta alla VERGINE MARIA

Bedda Matri Addulurata,
di sta spata trapassata,
jeu vi preju cu firvuri ura,
sempri e a tutti l'uri.

Chi stu cori tantu ingratu,
cunfisassi lu piccatu,
si pintissi di l'erruri,
cu perfettu e gran duluri.

Bedda Vergini Maria,
aiutati l'arma mia,
cunciditimi sta razia,
l'arma mia tiniti sazia,
di lu vostru santu amuri,
chi amava lu Signuri.

E campari veramenti santa,
pura e innoccenti.

Sta curuna o Gran Regina,
vi affirisciu stamatina,
sti Avi arricitati alli vostri,
sette spati.

Bedda Vergini Maria,
riciviti st'arma mia,
cu li vostri setti spati,
lu me cori trapassati,
cu sta chiaia e stu duluri,
chi non affennu a lu Signuri.

O Maria miu caru beni,
liberatimi di li peni,
bedda Matri Addulurata,
st'arma mia vogghiu cunzulata,
e campari santamenti,
pi muriri poi cuntenti.

Di vui speru stu favuri,
Gran Regina di tutt'uri,
chi alla morti vi vidissi,
e cuntenti vi dicissi:

"Bedda Vergini Maria,
aiutati l'arma mia,

e poi Matri Addulurata,
di lu celu gluriusa,
cu Gesù vi gudiria,
in continua eternità.

Traduzione

Bella Madre Addolorata,
di questa spada trapassata,
io vi prego con fervore ora,
sempre e a tutte l'ore.

Questo cuore tanto ingrato,
confesso i peccati,
si è pentito degli errori,
con perfetto e gran dolore.

Bella Vergine Maria,
aiuta l'anima mia,
concedetemi questa grazia,

l'anima mia fai sazia,
del vostro santo amore,
che ama il Signore.

E sei veramente santa,

pura e innocente.

Questa corona o Gran Regina,
vi offro stamattina,
questi Avi citate ai vostri,
sette dolori.

Bella Vergine Maria,
ricevete questa anima mia,
con i vostri setti dolori,
il mio cuore trapassate,
con questa ferita e questo dolore,
che non offende al Signore.

O Maria mio caro bene,
liberami dalle pene,
bella Madre Addolorata,

quest'anima mia voglio consolata,
e vivere in mente santa,
per morire più contento.

Da voi spero questo favore,
Gran Regina di tutte le ore,
quando alla morte vi vedessi,
e contento vi dicessi:

"Bella Vergine Maria,
aiuta l'anima mia,
e poi Madre Addolorata,
del cielo gloriosa,
con Gesù nella goduriosa,
nella continua eternità.

https://www.santodelgiorno.it/santa-barbara-martire/santino/

per il maltempo a SANTA BARBARA

Santa Barbara nun durmiti,
ca li trona sù partuti,
sù partuti e sù pi via,
Santa Barbara, cu mia!

Tri nuvuli vitti viniri:
"Una ri acqua,
una ri vientu,
e una cu na cura ri traunara."

Pigghiatili,
tagghiatili nto mienzu,
e ghittatili nta na cava scura,
unni nun canta iaddu,
unni nun c'è nessunu lustru ri luna,
e unni nun c'è nessuna criatura.

Traduzione

Santa Barbara non dormite,
che i tuoni son partiti,
son partiti e son per via,
Santa Barbara, con me!

Tre nuvole ho visto venire:
"Una di acqua,
una di vento,
e una con una coda di tromba d'aria."

Prendeteli,
e tagliateli in mezzo,
e gettateli in una cava oscura,
dove non canta un gallo,
dove non c'è nessuna luce di luna,
e dove non c'è nessuna creatura.

alla Madonna del BOSCHI

Matri Santa,
ri lu Vuoscu,
ni na cammira stapiti,
libra ri oru cà liggiti,
e tri nuvoli viru viniri:
"una ri acqua, una ri vientu,
e una ri cura Traunàra."

Pigghiati 'stu cutieddu,
la stuccati 'nda lu mienzu
e la 'bbiati in una cava scura,
unni nun ci canta iaddu,
nun ci luci luna,
e nun ci abita nissuna criatura.

Traduzione

Madre Santa,
del Bosco,
dentro una camera siete,

libri d'oro leggete,
tre nuvole vedo arrivare:
"una d'acqua, una di vento,
e una di coda della tromba d'aria."

Prendete questo coltello,
la piegate nel mezzo,
e la buttate in una cava scura,
dove non vi canta il gallo, non c'è luna,
e non vi abita nessuna creatura.

una grazia alla VERGINE MARIA

O Maria che sola site,
quanti tituli c'aviti,
quanti razi conciditi,
cunciditiminni un itta a mia,
avanti che dicu l'Avi Maria,
si iu moru stanuttata,
 l'arma mia raccumannata,
o Cuncetta Immaculata,
o Cuncetta Immaculata.

Traduzione

O Maria che sola siete,
quanti nomi che avete,
quante grazie concedete,
concedetemi una tutta mia,
prima che recito l'Ave Maria,
se io muoio questa notte,
l'anima mia raccomandate,
o Concetta Immacolata,

o Concetta Immacolata.

Spiegazione

Questa è la preghiera di una vecchietta che tutte le sere la recitava per chiedere una grazia alla Vergine Maria.

per i sette mercoledì dopo la PASQUA

Cumencimi li mercura pasquali,
chi sunnu di la mia divuzioni,
prima chi li finirai cunsulata,
alla ta casa tinni vai.

Traduzione

Comincia il mercoledì di Pasqua,
che sono della mia devozione,
prima che li finisci sarai consolata,
alla tua casa te ne sei andata.

Spiegazione

Si devono contare i sette mercoledì dopo la Pasqua
perché si doveva digiunare in quanto si era convinti
cha la Madonna avrebbe concesso la grazia.

https://pixabay.com

per essere giudicati da GESU' CRISTO

Verbu sacciu e verbu vogghiu diri,
verbu 'ncarnatu di nostru Signuri,
si ni ju alla croci pi muriri,
pi sarvari a nuatri piccaturi.

O cruci tanta è vauta e tanta bedda,
chi stenni un vrazzu 'ncielu e nautru 'nterra,
a la cruci cu s'inchina,
nostru Signori ni ama e ni stima,
a la croci che c'adura nostru Signori ni pirduna,
A lu chianu di Josafhat ce n'e nu chianu di
sciuriddi,
tutti ranni, mizzani e picciriddi tutti ama iessiri 'ddà,
trentatrì anni trizza 'nquantita.

Come ciangiuno l'armiceddi chi c'e pampina di
canneddi,
comu ciangiuno li piccaturi chi c'è pampina di
lavuri,
San Giuvannuzzu di lu cielu s'affacciau,

cu nu libru d'oru a mani chi liggeva:

"Caru Maistru e caru Diu,
comu pirdunasti a lu popolu Ebreu,
pirduna st'armiceddi chi sunnu i mei"
"Giuvanni nun li pozzu pirdunari,
cun iornu di pinitenza nun l'hannu vulutu fari,
di missa a sintiri limosina a fari,
c'è mittutu u cunfissuri e pedi,
e iddi nun n'hanno vulutu fari,
su cunnannati a l'abissu 'nfirnali."

S'affaccia Maria Vergini s'affaccia e dici:
"Cu lu sapi lu Verbu mi lu dici,
e cu lu dici tri voti la notti,
sarà scanzatu da ogni malamorti,
cu lu dici tri voti 'o capizzu,
sarà scanzatu da ogni trimulizzu,
cu la dici tri voti ammucciuni,
sarà scanzatu di mali pirsuni,
cu lu dici tri voti pi la via,
sarà scanzatu di ventu e curria,
e cu lu sapi mi si lu dici,

pe mia e pe ma figghiu pinsirà,
la gloria di lu paradiso aperta atruvirà.

Ora chi lu verbu avemu dittu,
un credu c'applicamu a Gesu Cristu.

Traduzione

La Parola so e la Parola voglio dire,
la Parola fatta di carne del Signore,
se ne andato alla Croce per morire,
per salvare noi altri peccatori.

O croce tanto è alta e tanto bella,
che stendo un braccio in cielo e un altro in terra,
alla croce che ci spezza,
nostro Signore ci ama e ci stima,
alla Croce che ci adora il nostro Signore ci perdona,
Alla valle di Josafath c'è un campo di fiori,
tutti grandi, medi e piccoli tutti devono essere là,
trentratre anni trecce in quantità.

Come piangono i bambini che non hanno la
conoscenza,
Come piangono i peccatori che invece loro hanno
la conoscenza,
San Giovanni dal cielo si e affacciato,
con un un libro d'oro e mani d'oro che leggeva.

"Caro maestro e caro Dio,
come hai perdonato il popolo ebreo,
perdona queste anime che sono le mie."
"Giovanni non li posso perdonare,
che un giorno di penitenza non l'hanno voluto fare,
non hanno sentito una messa e neanche l'elemosina
hanno fatto,
ci ho messo il confessore ai piedi,
e loro non l'hanno voluto fare,
sono condannati all'abisso infernale."

Si affaccia la Vergine Maria e dice:
"Chi lo sa il verbo me lo dice,
e chi lo dice tre volte la notte,
sarà scansato da ogni mala morte,
chi lo dice tri volte al capezzale,

sarà scansato tre volte da ogni tremolio,

chi lo dice tre volte di nascosto,

sarà scansato dalle male persone,

chi lo dice tre volte per la strada,

sarà scansato dal vento che soffia,

e chi lo dice per me e penserà a mio figlio,

la gloria del paradiso aperta troverà."

Ora che il verbo abbiamo detto,
un credo offriamo a Gesù Cristo.

le cento CROCI

Avanti,
la menti a Diu!
No Nomu di lu Patri,
di lu Figghiu,
e di lu Spiritu Santu.

Gesù,
li centu cruci vogghiu diri,
si Diu mi lassa diri e ben sirviri,
pi lu santu Battisimu chi appi a la funti,
haja passari un tirribili punti,
arma mia di pinitenza,
corpu miu spirituali,
ricorditi tu Rosa,
ca a chiddu munnu,
ha' trapassari,
a la valli di Giosafàt,
lu nimicu mi scuntrirà,
ma iu cci dicu:
"Tu fausu nimicu,

tu ccu mia nun c'hai chi fari,

'ncoddu portu a sarvaturi,

ccu la Cruci di Nostru Signuri,

prima chi mi partivi di ddu munnu,

mi cunfissai, mi cumunicai,

li centu Cruci mi li dissi,

e mi li scrissi in vivenzia mia,

lu jornu di la Virgini Maria."

No nomu di lu Patri,

di lu Figghiu,

 e di lu Spiritu Santu.

Traduzione

Avanti,

la mente a Dio!

Nel nome del Padre,

e del Figlio,

e dello Spirito Santo.

Gesù,

le cento croci voglio dire,

se Dio me le lascia dire e ben servire,

per il santo battesimo che ricevetti alla fonte,

devo passare un terribile ponte,

anima mia di penitenza,

corpo mio spirituale,

ricordati Rosa,

che in quel mondo devi trapassare,

alla Valle di Giosafat,

il nemico ti scontrerà,

ma io gli dico:

"Tu falso nemico,

tu con me non hai che fare,

addosso porto il Salvatore,

con la Croce di Nostro Signore,

prima che mi partissi da quel mondo,

mi confessai, mi comunicai,

le cento croci mi dissi,

e me le sono scritte mentre ero vivente,

il giorno della Vergine Maria."

Nel nome del Padre,

e del Figlio,

e dello Spirito Santo

alla Madonna del CARMELO

Oh Maria Carmilitana,

di grazzii ni faciti na funtana;

ccu la Vostra gran putenza,

mannati a mia,

e a tutti i figghi di mamma,

la saluti e la Vostra,

Divina Pruvvidenza.

Traduzione

Oh Maria Carmelitana,

di grazie ne fate molte come una fontana,

con la vostra gran potenza,

mandate a me,

e a tutti i figli di mamma,

la salute e la Vostra,

Divina Provvidenza.

le donne abbandonate dei DEFUNTI

Novi siti l'armuzzi decollati,

tri appisi,

tri anniati,

e tri ammazzati,

tutti e novi vi partiti,

e nni Calogiru vi nni jti,

si 'nti mia nun voli turnari,

pi li capiddi l'ata pigghiari.

Traduzione

Nove siete le anime decollate,

tre impiccate,

tre annegate,

e tre ammazzate,

tutte e nove vi partite,

e da Calogero ve ne andate,

se da me non vuole tornare,

per i capelli la dovete prendere.

i misteri del ROSARIO

Misteri GAUDIOSI

Diu ci manna l'ambasciata,
e di l'Angiuli fu purtata,
e lu figghiu di Diu Patri,
già Maria si è fatta matri,
O gran Vergini Maria mi cunsulu assai cu Tia.

"AVE MARIA
Diu Vi salvi Maria,
piena di razia u Signuri è cun Vui,
Vui siti biniditta fra li donni,
e binidittu è lu fruttu,
di lu senu: Gesù."

"SANTA MARIA
Santa Maria,
Matri di Diu,
oh! Priati pi nui piccaturi,

ura e nell'ura de la nostra morti,
e cusì sia."

Ti partisti cu affettu,
visitasti Elisabetta,
San Giuvanni nan era natu,
 fu Diu Santificato,
O gran Vergini Maria mi cunsulu assai cu Tia.

'Nta na povira manciatura,
parturiu la Gran Signura,
di Gesuzzo Bambineddu,
'nmezzo un voi e n'asineddu.
O gran Vergini Maria mi cunsulu assai cu Tia.

Comu l'autri fimmineddi,
piccatrici e puvireddi,
a la Chiesa tinni isti
a lu figghiu ci offiristi,
O gran Vergini Maria mi cunsulu assai cu Tia.

A Gesuzzo lu pirdisti,
lu circasti e lu truvasti,

chi 'nziggnava la duttrina comu l'Ostia Divina,
O gran Vergini Maria mi cunsulu assai cu Tia.

Misteri *DOLOROSI*

Gesu all'ortu si disponi,
pi fari orazioni,
e pinzannu a lu piccatu,
 sangu veru Diu ha sudatu.
O gran Vergini Maria mi cunsulu assai cu Tia.

A Gesuzzo lu pigghiaru,
lu spogghiaru e lu 'ttaccaru,
li sò carni flagillati cu seimila vastunati,
O gran Vergini Maria mi cunsulu assai cu Tia.

Re di burla 'ncurunatu,
cu na canna sbriugnatu,
gran duluri 'ntesta prova,
foru spini comu chiova,
O gran Vergini Maria mi cunsulu assai cu Tia.

A la morti è cunnannatu,
comu 'nlatru sciallaratu,
la sò cruci 'ncoddu porta,
nuddu c'è chi lu cunforta,
O gran Vergini Maria mi cunsulu assai cu Tia.

A la vista di so Matri,
crucifissu cu du latri,
muriu a forza di duluri,
lu me caru Redenturi,
O gran Vergini Maria mi cunsulu assai cu Tia.

Misteri GLORIOSI

Gesù già risuscitau,
di la morti triunfau,
gluriusu e triunfanti,
scarzarau li Patri Santi,
O gran Vergini Maria mi cunsulu assai cu Tia.

Dopu poi quaranta iorna,
Gesu Cristu 'ncielu torna,
e Maria cu li so amici,
si li brazza e binidici,
O gran Vergini Maria mi cunsulu assai cu Tia.

Deci iorna poi passaru,
e l'Apostoli priaru,
e Maria chi ci l'ottinni,

e lu Spiritu Santu vinni,
O gran Vergini Maria mi cunsulu assai cu Tia.

Vinni l'ura di partiri,
Maria 'ncelu e poi gudiri,
e chi bella sorti fù,
morsi in brazza di Gesù,
O gran Vergini Maria mi cunsulu assai cu Tia.

Maria 'ncelu triunfau,
arma e corpu 'ncelu entrau,
'ncurunata fu Rigina,
di l'eternità divina,

O gran Vergini Maria mi cunsulu assai cu Tia.

O Maria sti pocu sciuri,
v'affirisci lu me amuri,
nun su comu miritati,
pi la Vostra Maistati,
sunnu rosi sculuriti,
di bon cori arriciviti,
O gran Vergini Maria mi cunsulu assai cu Tia.

Amu dittu stu Rusariu stasira,
m'ha aiutatu lu veru Missia,

la duminica di Pasqua s'allumina,
quannu fici l'incontru cu Maria,
spassu e alligrizza,
ci fù ddà matina,
'ntrambi sinni ieru in cumpagnia,
prima dicemu la Salvi Rigina,
appressu cu la Santa Litania.

Traduzione
i Misteri del ROSARIO

Misteri GAUDIOSI

Dio ci manda l'ambasciata,
e dall'Angeli fù portata,
e del figlio di Dio Padre,
già Maria si è fatta madre,
O gran Vergine Maria mi consolo tanto con te.

"AVE MARIA
Dio vi salva Maria,
piena di grazie il Signore è con Voi,
Voi siete benedetta tra le donne,
e benedetto è il frutto,
del tuo seno: Gesù.

"SANTA MARIA
Santa Maria,
Madre di Dio,
oh! Pregate per noi peccatori,
ora e nell'ora della nostra morte,

e così sia."

Tu partisti con affetto,
a visitare Elisabetta,
San Giovanni non era nato,
fu Dio santificato,
O gran Vergine Maria mi consolo tanto con te.

Dentro una povera mangiatoia,
partorì la Gran Signora,
di Gesù bambino,
in mezzo a un bue e un asinello,
O gran Vergine Maria mi consolo tanto con te.

Come le altre donne,
peccatrici e poverelle,
alla Chiesa te ne sei andata,
e il figlio ci hai offerto,
O gran Vergine Maria mi consolo tanto con te.

Gesù lo hai perduto,
l'hai cercato e lo hai trovato,
che insegnava la dottrina come l'Ostia Divina,

O gran Vergine Maria mi consolo tanto con te.

Misteri DOLOROSI

Gesù và all'orto,
per fare l'orazione,
e pensando al peccato,
sangue vero Dio ha sudato.
O gran Vergine Maria mi consolo tanto con te.

Gesù lo pigliarono,
lo spogliarono e lo legarono,
le sue carni flagellate con seimila bastonate,
O gran Vergine Maria mi consolo tanto con te.

Re preso in giro incoronato,
con un bastone misero,
gran dolore in testa prova,
i fori di spine come chiodi,
O gran Vergine Maria mi consolo tanto con te.

Alla morte è condannato,
come un ladro scellerato,

la sua croce in collo porta,

nessuno c'è che lo conforta,

O gran Vergine Maria mi consolo tanto con te.

Alla vista di sua Madre,

crocifisso con due ladri,

morì con forti dolori,

il mio caro Redentore,

O gran Vergine Maria mi consolo tanto con te.

Misteri *GLORIOSI*

Gesù già resuscitava,

dalla morte trionfante,

gloriosa e trionfante,

scarcerati i Padri Santi,

O gran Vergine Maria mi consolo tanto con te.

Dopo quaranta giorni,

Gesù Cristo in cielo torna,

a Maria con i suoi amici,

se lo abbraccia e lui benedice,

O gran Vergine Maria mi consolo tanto con te.

Dieci giorni sono passati,
e l'Apostoli pregarono,
e Maria che l'ottenne,
e lo Spirito Santo venne,
O gran Vergine Maria mi consolo tanto con te.

Venne l'ora di partire,
Maria in cielo e poi felice,
e più bella morte era,
in braccio a Gesù,
O gran Vergine Maria mi consolo tanto con te.

Maria in cielo trionfava,
anima e corpo in cielo è entrata,
incoronata era Regina,
dell'eterna età Divina,
O gran Vergine Maria mi consolo tanto con te.

O Maria questi pochi fiori,
vi offro con il mio amore,
non so come li meritate,
per la Vostra Maestà,
sono rose scolorite,

con il buon cuore ricevete,
O gran Vergine Maria mi consolo tanto con te.

Abbiamo detto questo Rosario stasera,
ha aiutato il vero Messia,
la domenica di Pasqua s'illumina,
quando fece l'incontro con Maria,
Spasso e allegria ci fu quella mattina,

prima diciamo la Salvi Ragina,
apresso con la Santa Litania.

https://pixabay.com/it/

per il MIETITORE

Iu criu no Patri,
di celu terra ancora,
criu cu na parola,
Onniputenti.

E poi sinceramenti,
di Cristo cridirò,
unicu Figghiu so,
Nostru Signuri,
quantu è granni,
lu so amuri,
e lu so affettu tantu,
di lu Spiritu Santu,
si 'ncarnatu.

Maria lu generau,
e di Maria nisciu,
di l'ura ca giungiu,
a Betlemme,
e poi a Gerusalemme,

patì sutta Pilato,
fu in cruci,
fu inchiudatu,
e sippillitu,
a lu limmu avi scinnutu,
da nalli amici soi,
lu terzu iornu poi,
risuscitau,
e poi in celu acchianau,
li misiri biati,
cu so Patri assittatu,
a mani dritta.

Comu un giudici giustizia,
li boni ci amu a dari,
li mali amu a pagari,
tra peni e chiantu,
c'è la Chiesa Cattolica,
Apostolica Rumana chi,
nui cridemu.

Li signi chi vedemu,
in virtù chi Diu proponi,

c'è la comunioni di li Santi,
e poi na fidi forti,
c'è la spiranza eterna,
c'è la vita eterna,
e cussi sia.

Stu credu camu adittu,
stu credu amu cantatu,
davanti nostru Diu,
apprisintatu.

Traduzione

Io credo nel Padre,
del cielo e terra ancora,
credo con una parola,
Onnipotente.

E poi sinceramente,
a Cristo crederò,
unico Figlio suo,
Nostro Signore,
quanto è grande,

il suo amore,

e il suo affetto tanto,

dello Spirito Santo,

si è incarnato.

Maria lo ha generato,

e da Maria è nato,

dell'ora che giunge,

a Betlemme,

e poi a Gerusalemme,

patì sotto a Pilato,

fu in croce,

fu inchiodato,

e seppellito,

al limbo era sceso,

dagli amici suoi,

il terzo giorno poi,

è risuscitato,

e poi in cielo saliva,

i miseri beati,

cu so Padre si sedevano,

a mano dritta.

Come un giudice di giustizia,
i buoni ci dobbiamo dare,
i mali debbono pagare,
tra pene e pianto,
c'è la Chiesa Cattolica,
Apostolica Romana che,
noi crediamo.

I segni che vediamo,
in virtù che Dio propone,
c'è la comunione dei Santi,
e poi una fede forte,
c'è la speranza eterna,
c'è la vita eterna,
e cosi sia.

Sto credo che abbiamo detto,
sto credo che abbiamo cantato,
davanti a nostro Dio,
rappresentiamo.

la madonna delle GRAZIE

Bedda Matri di la Grazia,
ca in bracciu porti 'razia,
ni Vui vegnu ppi grazia,
Rigina fammi grazia.
Fammi la grazia Maria,
comu la fici lu Nostru Diu,
ca ti fici mamma mia,
fammi la grazia Maria.

Traduzione

Bella Madre delle Grazie,
che in braccio porti grazia,
da voi vengo per avere grazia,
Regina fammi grazia.
Fammi la grazia, oh Maria,
come la fece Nostro Dio,
che ti fece mamma mia,
fammi la grazia Maria.

Rosario alla *VERGINE MARIA*

L'Anciuli in cielu cantanu a tutt'uri,

e cantanu lu rusariu a Maria,

e nui duvemu stari 'ncinocchiuni,

l'Ancilu Gabrieli ci dicia:

"La morte chi patiu nossru Signuri,

l'ava patuto pi' salvari a'mmia,

dicemu tutti cu perfettu amuri,

dicemu un Patri Nossru a lu Signuri".

Sunata la santissima 'unia,

martoriu di Diu nossru Signori,

cu'cchiu puteva abbattiri abbattia,

ci davanu turmenti e assai duluri,

ghicava ni Pilato e nun putia,

Caifas ci tirau senza duluri,

o Cristiano diciti cu mia cu perfettu amuri,

dicemu un Patri Nossru a lu Signuri.

Sannu arrubati a Cristu i traditori,

patruni di lu cielu terra i mari,

patruni di la luni e di lu suli,

patruni di ogni stati a quantu ce nè,

Patre amurusu di tantu valuri,

fu strascinatu supra li tirreni,

dicemu tutti cu perfettu amuri,

dicemu un Patri Nossru a lu Signuri.

Maria di niuro si mittiu li veli,

cuanno a Cristu a la morti si purtaru,

ci ficiro patiri tanti peni,

mortu supra la croci lu lassaru,

e San Michele la vulanza tiene,

da li nossri piccati consinammo,

dicemo un Patri Nossru a così n'cieli,

chi la Matre di Diu la salutamo.

Tuttu cu veru core la priamo,

n'avessi a dare aiutu a sta nottate,

na li nossri bisogni ni lasciamu,

lu beddu nomu dell'Annunziata,

so sfari lu munno c'aspiramu,

la Matri ci teni la spada,

dicemo un Patri Nossru a ricitare,

chi ci porta a la gloria biata.

Traduzione
Rosario alla VERGINE MARIA

Gli Angeli in cielo cantano tutte le ore,

e cantano il rosario a Maria,

e noi dovevamo mettersi in ginocchioni.

L'Angelo Gabriele ci diceva:

"La morte che ha patito nostro Signore,

l'ha patito per salvare a me,

diciamo tutti con perfetto amore,

diciamo un Padre Nostro a il Signore".

Sonata la santissima agonia,

martoriato il Dio nostro Signore,

chi poteva battere betteva,

davamo tormenti e molti dolori,

andava da Pilato e non poteva,

Caifassi cita senza dolore,

o Cristiano dite con me con perfetto amore,

diciamo un Padre Nostro al Signore.

Si sono rubati Cristo i traditori,
padroni del cielo terra e mare,
padroni della luna e del sole,
padroni di ogni stati e quante cene,
Padre amoroso di tanto valore,
fu trascinato sopra ai terreni,
diciamo tutti con perfetto amore,
diciamo un Padre Nostro al Signore.

Maria di nero si mette i veli,
quando a Cristo alla morte si portarono,
ci fecero patire tante pene,
morto sopra la croce lo lasciarono,
a San Michele la violenza tiene,
e i nostri peccati consegnammo,
diciamo un Padre Nostro così in cielo,
che la Madre di Dio la salutiamo.

Tutto con il vero cuore la preghiamo,
ci deve dare aiuto a questa nottata,
i nostri bisogni le affidiamo,
il bello nome dell'Annunziata,
si disfa il mondo che aspiriamo,

la Madre ci tende la spada,
diciamo un Padre Nostro e recitiamo,
che ci porta la beata gloria.

LA SAPIENZA E LA CULTURA DELLA SICILIA ANTICA Volume II

https://www.santodelgiorno.it/beata-vergine-maria-del-monte-carmelo/santino/

alla Madonna del CARMINE

O miraculu, miraculu,
di lu Carminu Maria,
na famigghia era divota,
si vidia scarsa e diuna,
voli andari pi l'America,
pi cambiari la furtuna,
cu l'aiutu di Maria,
ricca assai sinni vinia.

Arrivati in altu mari,
dovi terra 'cchiu nun c'era,
pi disgrazia e mala sorti,
dda si movi na bufera,
acqua e ventu n'ogni resta,
già si vidi na timpesta,
u vapuri suttasupra,
già s'inchinu li 'ntinni,
e cu l'acqua e i cavalloni,
quasi intra ci pirvinni,
e quei miseri gridannu,

chi si stavunu 'nniannu.

Ma quel vecchiu chi chianceva,
a Maria sempri chiamava,
ricurdava l'Abitinu chi,
du Carmine purtava,
lu cacciò fora du pettu,
lu baciava cu granni affettu:
"Sarva tu l'anima mia,
sarva puri i bastimentu,
chi ni porta in sarvamentu."

A lu pizzu di l'antinna,
una luci rispendenti,
ma nissunu si la cridia,
chi era la Vergini Maria:
"O buon vecchiu,
miu divoti m'hai chiamatu,
e sugnu vinuta,
sugnu cai pi dariti aiutu."

E pi diciassetti iorna,
u vapori camminava,

mari quietu e tempu bonu,
e Maria l'accumpagnava.

Arrivati 'nnà ddu portu,
unni devono sbarcari,
e la Vergini ha salutatu,
ricurdativi a Maria.

Traduzione

O miracolo, miracolo,
di Carmine Maria,
una famiglia era devota,
si vedeva povera e digiuna,
volle andare in America,
per cercare fortuna,
con l'aiuto di Maria,
ricca assai sono andati via.

Arrivati in alto mare,
dove la terra più non c'era,
per disgrazia e mala sorte,
c'era una bufera,

acqua e vento da ogni parte,
già si vide una tempesta,
la barca sotto sopra,
già s'inchinano le antenne,
e con l'acqua e i cavalloni,

quasi dentro ci pervenne,
e quei miseri gridando
e stavano pregando.

Ma quel vecchio che piangeva,
a Maria sempre chiamava,
ricordava l'Abitino che,
del Carmine portava,
lo cacciò fora dal petto,
lo baciava con grande affetto:
"Salva tu l'anima mia,
salva pure il bastimento,
che ci porta in salvo."

Al pizzo dell'antenna,
una luce risplendente,
che nessuno ci credea,

che era la Vergine Maria:
"O buon vecchio,
mio devoto m'hai chiamato
e sono venuta,
sono qua per darti aiuto."

E per diciassette giorni,
la barca camminava,

mare quieto e tempo buono,
e Maria l'accompagnava.

Arrivati al porto,
tutti dovevano sbarcare,
e la Vergini li ha salatati,
ricordatevi a Maria.

Spiegazione

Una famiglia, che non se la passava bene, dalla Sicilia aveva deciso di andare in America in cerca di fortuna.

Senza indugio s'imbarcano in un bastimento, ma dopo poco iniziò un temporale, che si tramutò in tempesta.

Tutta la famiglia non fece altro che pregare la Madonna del Carmine, della quale erano devoti. Come per incanto la Madonna del Carmine si palesò a tutti i passeggeri, per mezzo di una luce abbagliante. Aveva ascoltato le preghiere ed era venuta in aiuto, calmando la tempesta e scortando per tutto il tragitto il bastimento.

Quando arrivarono in America, tutti sani e salvi, la Madonna del Carmelo gli chiese di pregare sempre e di ricordarla.

Gesù passa sotto il balcone di MARIA

Affaccia, affaccia Maria,
chi t'o figghiu passa,
di 'incoddo porta na catina rossa.

Lu sangu scurri,
e la carni si lassa,
carni non ci ristau,
tra li so ossa.

Chiamatimi a Giuvanni,
e chi lu vogghiu,
quantu m'aiuta,
a chianciri lu figghiu.

Niuri metticcillu,
lu cummogghiu,
tu ti chianci lu patri,
e iu lu figghiu.

Aiamucci tutti avanti,

chi passa avanti,
chi si purtanu,
alla fossa.

Ora sula, sulidda,
m'a ricogghiu,
senza l'aiutu amanti,
di me figghiu.

Traduzione

Affaccia, affaccia Maria,
che tuo figlio passa,
nel collo porta una catena rossa.

Il sangue scorre,
e la carne si lascia,
carne non ci resta,
tra le sue ossa.

Chiamatemi a Giovanni,
che lo voglio,
quanto mi aiuta,

a piangere il figlio.

Neri mettetele,

le coperte,

tu piangi il padre,

e io il figlio.

Mettiamoci tutti davanti,

chi passa avanti,

chi se lo porta,

alla fossa.

Ora sola, soletta,

mi raccolgo,

senza l'aiuto amanti,

di me e di mio figlio.

Significato

È Venerdì Santo, quando Gesù passa nel paese con la croce sulla spalla, e la madre venne chiamata ad affacciarsi per vedere quanti tormenti, lui, stava passando.

per le MALATTIE

Oh! bedda matri,
vi vegnu a priari,
diciti a vostru figghiu,
mi cessa stu tempo.

Vogghiu murire comu 'nCristianu,
cu tuttu l'ordine de lu Santu Sacramentu.

Traduzione

Oh! bella madre,
vi vengo a pregare,
dite a vostro figlio,
di far cessare questo tempo.

perché voglio morire come un Cristiano,
con tutto l'ordine del Santo Sacramento.

Spiegazione

Quando c'è una grave malattia dovuta anche ad una Pandemia.

https://pixabay.com

per il bello tempo a santa BARBARA

Santa Barbaredda bedda bedda,
nun durmiti ma vegghiati,
chi li porti sunnu aperti,
e li cannili su addumati,
co tri stoli consacrati,
una 'ienne e natra vennènnu,
u Signuri me ne scansa d'ira e sentenze,
mi nan semu cunnannati.

Traduzione

Santa Barbara bella bella,
non dormite e non vegliate,
che i porti sono aperti,
e le candele sono accese,
con tre stole consacrate,
una viene e l'altra viene,
il Signore mi toglie l'ira e le sentenze,
e non siamo condannati.

Spiegazione

Questa preghiera si recita in onore a Santa Barbara nella città di Catania, per tutte le volte che c'è brutto tempo accompagnato anche da tuoni e lampi.

È solito accendere le candele e appendere ai balconi e alle finestre i lenzuoli consacrati, fino a che non viene scacciato il maltempo.

Le mille *AVE MARIA*

Patri Nostru a lu bon Diu,
Gesu Cristu lu gran sirviu.

Pi lu Vattisimu chi iappi a lu funti,
e pi la Crisima chi iappi a lu frunti.

È arrivati l'ariu ponti,
lu nimicu mi scuntrirà e ci dissi:
"Vattini dà pi li milli Avi Marii,
mi li dissi e mi li scrissi'mmenti mia,
lu iornu di la Vergini Maria.

Traduzione

Padre Nostro e buon Dio,
Gesù Cristo ti è servitore.

Per il Battesimo si và alla fonte,
e per la Cresima l'olio và alla fronte.

È arrivati al ponte,
con il nemico mi sono scontrato e gli dissi:
"Vattene per le mille Ave Marie,
me li hai detto e me li hai scritti in mente mia,
il giorno della beata Vergine Maria.

Significato

Quando si muore dobbiamo passare sopra un
ponte, e la nostra vita passata viene giudicata.

Se si dicono mille Ave Maria si ha la possibilità che
il Diavolo non ti prenderà.

tre maggio SANTE CROCI

Milli voti Jesu a lu piccatu aso,
putenzia di Diu che vai'affisu,
apritime li porti quantu trasu,
suddu moru mi nni vaiu in Paradisu.

Rosina va u muriri supra nu filo ava a passari,
a tentazioni nun ciò a viniri picchì cu mia nun'avi a
chi fari,
picchì u iornu di Santi Croci,
dissi milli voti Jesu.

Traduzione

Mille volte Gesù al peccato sto,
potenzia di Dio che è offeso,
apritemi le porte quando entro,
che quanto muoio me ne vado in Paradiso.

Rosina va a morire sopra un filo deve passare,

la tentazione non deve venire perché con me non
ha a che fare,
perché un giorno di Santa Croce,
ho detto mille volte Gesù.

una grazia alla MADONNA del CARMELO

Miu Diu,
Salvi Rigina,
Maria Carmelitana,
un'arma 'ncielu cchiana 'mParadisu,
picchì Diu mi l'ha prumisu,
na razia sicura.

Vui siti la Patruna di li 'razii,
e li nostri amici sazi,
ricurrunu cuntenti,
Maria Matri Climenti,
e vostri pedi,
picchì a Diu intercedi,
una 'razia divina.

Siti Stella matutina risplendenti,
suspira lacrimenti,
filici furtunata,
si l'Abitu purtati di Maria,
v'assisti all'aunia.

Maria nostra Signura,
porta l'arma sicura 'nParadisu,
e 'nParadisu sia sempri viva,
viva di lu Carminu Maria.

Traduzione

Mio Dio,
Salve Regina,
Maria Carmela,
un'anima in cielo sale in Paradiso,
perché Dio me l'ha promessa,
una grazia sicura.

Voi siete la Padrona delle grazie,
e i nostri amici sazi,
ricorrono contenti,
Maria Madre Clemente,
ai vostri piedi,
perché a Dio intercedi,
una grazia divina.

Siete Stella mattutina risplendente,

sospira e lacrime,
felice fortunata,
si l'Abito portate di Maria,
vi assiste all'agonia.

Maria nostra Signora,
porta l'anima di sicuro in Paradiso,
e in Paradiso è sempre viva,
viva la Signora del Carmine Maria.

S. GIUSEPPE

https://www.santodelgiorno.it/san-giuseppe/santino/

per SAN GIUSEPPE

San Giuseppe giustu e santu,
siti incarnatu di Spiritu Santu,
siti chinu de rose e sciuri,
siti lu Patri de Nossru Signuri.

San Giuseppe di Montilione,
in testa purtava lu santu cappeddu,
a li manuzzi lu santu vastuni,
lu vastuneddu sciurutu la via,
San Giuseppuzzo accumpagnati a mia
comu accumpagnasti a Maria in Egittu,
accumpagnati a l'armuzza mia agni passu stritto,
a li bisogni a li nicissitati,
San Giuseppuzzo nun m'abbandunati.

Traduzione

San Giuseppe giusto e santo,
siete incarnato di Spirito Santo,
siete pieno di rose e di fiori,

siete il Padre del Nostro Signore.

San Giuseppe di Monteleone,

in testa portavi il santo cappello,

alle mani il santo bastone,

il bastone e volato via,

San Giuseppe accompagnate a me,

come accompagnaste Maria in Egitto,

accompagnate alla mia anima per il passo stretto,

al bisogno e alle necessità,

San Giuseppe non mi abbandonare.

Significato

La Madonna prima di sposarsi aveva due pretendenti, e lo Spirito Santo doveva prendere una decisione su quale era l'uomo adatto a lei.

Veniva scelto solo l'uomo a cui il bastone fioriva di rose e fiori.

prima della LITANIA

Oh! bedda matri addulurusamente,
dulurusa la Vergini Maria,
tutti li vostri santi lacrimi e lamenti,
matri che c'assiste all'aunia,
vi lu dicemu cu lu cori e cu la menti,
vi salutamu cu la litania.

Traduzione

Oh! Bella madre addolorata,
dolorosa la Vergine Maria,
tutte le vostre sante lacrime e lamenti,
madre che ci assiste nell'agonia,
ve lo diciamo con il cuore e con la mente,
vi salutiamo con la litania.

per togliere il MALOCCHIO

A nome di tri persuni,
A santissima Trinità,
u malannu o funno mare mi sinni va.

Passa na sguardatura,
cu na mala ucchiatura,
l'albiru siccau,
a funtana siccau,
fa l'erba ascinsioni,
a purta all'ortu dill'ulivu a Maria,
fa chi l'albiru ritorna,
a funtana ritorna,
e Rosa ritorna.

Traduzione

A nome di tre persone,
a santissima Trinità,
il fumo nel mare se ne va.

Passa una guardata,
con una male occhiata,
l'albero si è seccato,
la fontana si seccata,
fa l'erba ascensione,
fa alla porta all'orto dell'olivo a Maria,
fa che l'albero ritorna,
alla fontana ritorna,
e Rosa ritorna.

Significato

Quando una persona ti fa il malocchio anche con uno sguardo tutto va male, si secca.

Invece se si recita questa litania, la quale ha come significato di portare il malocchio all'orto degli ulivi alla Madonna, allora il bene viene ricostruito.

ai DEFUNTI

Jeu vi preju armuzzi santi,
jeu vi preiu a tutti quanti,
vui eruvu coma a mia
m'è fari comu a vui.

Vui prjiati a Diu 'ppi mia
e jeu preju a Diu 'ppi vui.

Mio Gesù Divinu amanti,
datici rifriscu e gloria e l'armi santi,
cu lu vostru beddu viso,
portatev'illi a tutti in Paradiso,
Che fragellu e battituri,
che patistivu, Signuri,
e pi li chiova ribasciati,
l'armuzza di tutti nostri cari morti libirati.

'Oh! prijati morti tutti,
Chi alla terra siti riddutti,
pi nuatri prijati tutti,

recula materna, Paradisu tutti.

Mia tu cu vi canta u Miserere,
e vi cunzanna u Rusariu a curuna,
vi libarati di l'afflitti peni,
e jti davanti a lu nostru Signuri.

Vi prijamu o miu Signuri,
dati all'animi dulenti,
vera paci e gran cuntenti,
nella vostra eternità.

Oh! Chi peni e chi turmenti,
prova l'anima 'nta lu focu!

E pi idda penza pocu,
cu cuntentu si 'nni sta.

Quantu beni aveva a lu munnu!
Cu la morti lassau tuttu:
sulu resta chiantu e luttu,
privu d'ogni carità.

Mentri fora 'nta lu munnu,
putia tantu travagghiari,

tantu beni ti lassaru,
pi doviri e carità.

Forsi patunu pi tia,
'nta ddu focu i peni immensi.

ma tu ingratu non ci penzi,
e mutivu fusti tu.

Li parenti e cungiunti,
si scurdaru di l'amici,
nuddu parla e nuddu dici,
abbiamu pietà.

Duna accura a sta parola,
tu chi fai lu surdu apposta,
l'avirai la tua risposta,
quannu mortu sarai tu.

Nuddu, nuddu pi tia penza,

li tò peni nuddu senti,
da lu cori e dalla menti,
cancillatu sarai tu.

Ti manciasti li sò beni,

divinasti priputenti,
tu spugghiasti a li parenti,
e 'cchiu di iddi cosa c'è?

Peni, affliggi foru guai,
e di Diu sunnu luntanu,
si lamentunu ma 'nvanu:
e chi aiutu si darà!

Li ligati chi lassaru,
non su' mai pajati beni:
si ci allongunu li peni,
chi crudeli empletà!

Miserere và gridannu,
lu tò amicu, lu parenti,
ma tu ingratu nenti senti,

e non penzi a nuddu 'cchiù.

Sunnu tutti aspittaturi,
di li vostri orazioni,
una pia Comunioni,
grandi aiutu ci darà!

Un diunu, na Via Sacra,

e na missa ci applicati,
Oh! Chi aiutu ci purtati,
lu so tempu accurzirà!
Unni jeru tanti affetti,
tanti lacrimi di cori?

A la fini chi unu mori,
non ci penza nuddu 'cchiù!

Mentri sona la campana,
tutti su suspiri e chianti,
ma cissati ogni 'ncantu,
lu duluri si 'nni va.

Penza dunqui a li tò morti,
fa suffragi e manna beni,
e di giustu ti cummeni,
ed un jornu l'avrai tu.

Diu miu, Diu Patri d'amuri,
pi la vostra pietati,
l'armi santi rinfriscati pi l'amuri di Gesù.

Traduzione
ai DEFUNTI

Io vi prego anime sante,
io vi prego a tutti quanti,
voi eravate come a me,
ma io devo fare come a voi.

Voi pregate a Dio per me,
e io prego a Dio per voi.

Mio Gesù Divino amante,
dateci rifresco e gloria e l'anime sante,
con il vostro bello viso,

portate tutti in Paradiso,
che flagello e botte,
che cosa hai patito Signore,
per i chiodi che ti hanno messo,
l'anima de tutti i nostri cari morti liberati.

Oh! Pregate tutti i morti,
che alla terra siete finiti,
per noi altri pregate tutti,
requiem materna, tutti in Paradiso.
Chi vi canta è una misera persona,

e vi condanna il rosario con la corona,
vi liberate dell'afflitte pene,
e siete davanti al nostro Signore.

Vi preghiamo o mio Signore,
date all'anima dolente,
vera pace e gran contentezze,
nella vostra eternità.

Oh! Che pene e che tormenti,
e l'anima dentro al fuoco!

E per essa pensa poco,
che contenti se ne sta.

Quanto bene aveva al mondo,
con la morte si lascia tutto:
solo resta pianto e lutto,
privo di ogni carità.

Mentre fuori dentro il mondo,
possa tanto lavorare,
ma tu ingrato non ci pensi,
e il motivo sei tu.

I parenti e i congiunti,
si scordarono degli amici,
nessuno parla e nessuno dice,
abbiamo pietà.

Dona al cuore questa parola,
tu che fai il sordo apposta,
l'avrai la tua risposta,
quando tu sarai morto.

Nessuno, nessuno a te pensa,
le tue pene nessuno sente,
dal cuore e dalla mente,
tu sarai cancellato.

Ti sei mangiato i suoi beni,
hai reso divini i prepotenti,
spogliasti ai tuoi parenti,
e più essi cosa hanno?

Pene, affliggono fuori i guai,
e di Dio sono lontani,
si lamentano ma invano:
e a chi aiuto si darà!

Le parenti che li lasciarono,
non sono mai pagati bene,
se si allungano le pene,
che crudeli peccati!

Misero va gridando,
il tuo amico, e i tuoi parenti,

ma tu ingrato non li senti,
e non pensi a nessuno più.

Sono tutti spettatori,
delle vostre orazioni,
una pia Comunione,
grande aiuto ci darà!

Un digiuno, una Via Sacra,
e una messa ci ha offerto,
oh! Che aiuto ci hai portato,
il suo tempo accorcerà!

Dove era tanto affetto,
tante lacrime di cori?
Alla fine, che uno muore,
non ci pensa nessuno più.

Mentre suona la campana,
tutti sospirano e piangono,
ma cessato ogni canto,
il dolore se ne va.

Pensa dunque ai tuoi morti,
fa preghiere e manda bene,
che è giusto e ti conviene,
che un giorno l'avrai tu.

Dio mio, Dio Padre d'amore,
per la vostra pietà,
l'anime sante rinfrescate,
per l'amore di Gesù.

DETTI E STORIE

https://pixabay.com/it/

la DOTE

Unne sono sti feidi c'aviti?
e sti palazzi cu sti balcunati?
"Je sugnu ricco e vui nun lu sapiti,
le ma richezza eni l'abilitati".

Traduzione

Dove sono tutte queste proprietà che avete?
e questi palazzi con tutte queste balconate?
"Io sono ricco e voi non lo sapete,
la mia ricchezza è nelle abilità".

Significato

Il padre di una ragazza chiede al pretendente quale
era la dote per la figlia.

Il figlio chiede al Padre la BENEDIZIONE

Santu lu Signuri mi ti fici,
patruni di Nuciddi i Turturici,
patruni du frumentu i Maniaci,
patruni i Nicusia, Palermu e Iaci,
Roma tutt'u na nu' iornu nun si fici,
tannu cu lu maestru stati in paci,
quanno faciti quellu chi vi dici.

Traduzione

Santo è il Signore mi ha fatto,
padrone di Noci e Tortorici,
padrone del frumento di Maniace,
padrone di Nicosia, Palermo e Iace,
Tutta Roma in un giorno non si è fatta,
quando che il maestro si sta in pace,
quando fate quello che mi avete detto.

Significato

Il figlio prima di mangiare o di andare a letto
chiedeva la benedizione al padre.

Lotta tra la VITA e la MORTE

La morte cu la punta su cugnati,

e vinniru ni mia beddi puliti,

la punta che chiantava pinturati,

la morte ci dicia niente faciti.

La lampa di stutau ci l'ha dumati,

si ogghiu nun ci ne ci lo mittiti,

la morti cu la punta su cugnati,

ie ma scappava e iddi arristaru a liti.

Traduzione

La morte e il dolore sono vicini,

e viene da me bella tranquilla,

la malattia che dava dolore,

la morte mi diceva niente fate,

se l'olio non ce lo mettete,

la morte e il dolore sono vicini,

io scappavo e la morte e loro restavano a litigare.

Spiegazione

Nei tempi passati c'erano delle malattie
sconosciute, il malato lottava tra la vita e la morte,
ma alla fine la sconfiggeva.

I *due* POETI

"A tia cà passi cu sta briglia sciolta,
cu stu berrettu di pilu cà luoci,
e rappresenti lu granni Mattia,
chiddu chi scenniu a Cristu di la cruci".

"Si lu scenniu fici un opira pia,
scenniu a chiddu chi a tutti desi luci,
nun era orbu e birbanti comu a tia,
cu'mazzasti e u lassasti supra a cruci".

Traduzione

"A te che passi con questa briglia sciolta,
con questo berretto lucente,
rappresenti il grande Mattia,
quello che ha sceso il Cristo dalla croce".

"Se lui lo ha sceso ha fatto un opera pia,
ha tirato giù quello che a tutti ha dato luce,
non era orbo e birbante come a te,

che lo hai ammazzato e lo hai lasciato sopra la croce".

Significato

E la storia di due poeti, che si domandavano e si rispondevano a vicenda, per vedere chi era più bravo.

ad un RAGAZZO

Mariu Conte cu stu violino,
chi va purtannu sta mazza canagghia,
almenu mi lo dati lu cufino,
vi la manciati bun produ la pagghia.

Traduzione

Mario Conte con il violino,
che vai portando queste canaglie,
almeno me lo date il contenitore,
ve la mangiate con buon appetito la paglia.

Significato

È la storia di un ragazzo che andava a cogliere la
paglia e la metteva nel suo contenitore.
Ma veniva infastidito da una banda di canaglie

Genoveffa GIRMANISA

"Prima ammazzati a mia,
e poi a stu 'nnucenti,
e stu 'nnocenti chi mali v'ha fattu".

"Cu sini tuni?"

"Je sugnu Ginuveffa Girmanisa,
caru cunsorti ti staiu priannu,
nun tanta fretta, e nun tantu fururi,
pe lu malu piccatu mi seranno,
c' affennemu a Cristo di tutturi,
e iddu sempri ni sta pirdunannu,
chi ieni di l'arma nossra possissuri,
e ieu pirdunu a chistu di stu fallu,
comu pirduna Adamu lu Signuri,
manna din cielu lu summu fatturi,
un Ancilu gridannu a vuci forti,
nun c'è pirdunu è granni lu sa irruri,
nun merita pietà dignu di morti".

Traduzione
Genoveffa GERMANISA

"Prima ammazzate me,
e poi a questo innocente,
questo innocente che male vi ha fatto".

"Chi sei tu?"
"Io sono Genoveffa Tedesca,
caro consorte ti sto pregando,
non tanta fretta, non tanto furore,
per tutti i mali peccati che saranno,
che offendiamo a Cristo tutte le ore,
e lui sempre ci sta perdonando,
che è dell'anima nostra possessore,
e io perdono a lui di questa errore,
come perdona Adamo il Signore,
manda dal cielo il sommo fattore,
un Angelo gridando a voce forte,
non c'è perdono e grande è il suo errore,
non merita pietà degno di morte".

Significato

Questa donna di nome Genoveffa Tedesca ha disonorato il marito perché lo aveva tradito.
Il marito per punirla voleva sacrificare il suo bene più grande: il figlio.

Lei lo pregava di condannarla e di risparmiare il suo bambino che non aveva colpa e non doveva pagare per i suoi peccati.

orazione a San PIETRO

San Petru, santu finu,

tu si papa e principinu,

e li chiavi tiniti forti,

Oh San Petru rapiti li porti."

Traduzione

San Pietro, santo fine,

tu sei papa e principino,

e le chiavi tenete forte,

oh San Pietro aprite le porte.

Spiegazione

Questa orazione si recitava a San Pietro perché si

doveva sbloccare una situazione.

https://www.santodelgiorno.it/santa-lucia/santino/

Santa LUCIA contro il malocchio

Santa Lucia di notti tisseva,
Argentu tagliava ed oru cuseva
Vinni a passari la Vergini Maria
e ci dissi:
"Chi hai Lucia?"
"Aiu 'na furia nasti occhi:
nun pozzu stari susuta,
e mancu a lettu a ripusari."

"Pirchì nun vinisti nni lu ma ortu,
ca c'era na macchia di finocchiu?
Ccu li ma manuzzi lu chiantavu,
ccu li ma piedi lu pistavu,
ccu la ma vucca lu binidissi:
vattinni furia, cà iu lu dissi."

Traduzione

Santa Lucia di notte tesseva,
argento tagliava e oro cuciva,

venne a passare la Vergine Maria,

e le disse:

"Che hai Lucia?"

"Ho una furia in questi occhi

non posso stare alzata

e nemmeno a letto a riposare."

"Perché non venisti nel mio orto,

che c'era una pianta di finocchio?

Con le mie mani la piantai,

con i miei piedi la pestai,

con la mia bocca la benedissi,

vattene furia che io lo dissi."

Significato

Questa veniva narrato anticamente per eliminare le malattie degli occhi.

Veniva passato il finocchio selvatico sull'occhio malato. Dopo tre giorni di questa medicazione l'occhio guariva.

alla LUNA

Luna nova, luna china,
scanzici di malu omu,
e di mala vicina,
e la me sacchetta sempri china,
comu la luna di stasira.

Traduzione

Luna nuova, luna piena,
liberami da cattivo uomo,
e da mala vicina,
la mia tasca sempre piena,
come la luna di stasera.

https://www.santodelgiorno.it/santa-rosalia/santino/

Santa ROSALIA

"Signura a iti vinni a la citate,
e vi guditi li ricchi tisori".

"Patri Rumitu chi su sti paroli,
fammi un piaciri i levati davanti,
parla di Cristu i pensa chi si mori,
chi morsi 'ncruci pi salvari a tanti.

Cu sinti nu colpu,
strazzau veste e manti,
modu u risse la tirra abbissae,
"Signura a iti vinni a la citate,
e vi guditi li ricchi tisori".

Traduzione
Santa ROSALIA

"Signora andatevene in città,
e vi godete il ricco tesoro".

"Padre Eremita che sono queste parole,

fammi il piacere levati davanti,

Parla di Cristo e pensa che si deve morire,

che è morto in croce per salvare e tutti".

"Con un solo colpo,

si è strappato i vestiti e il mantello,

in modo che la terra sprofondasse nell'abisso,

"Signora andatevene in città,

e vi godete il ricco tesoro".

Spiegazione

Santa Rosalia non voleva obbedire ai suoi genitori che la volevano fare sposare.

Lei si opponeva perché voleva diventare una suora e andava a pregare sopra un monte.

Quando pregava il Diavolo veniva a tentarla, le diceva di ritornare in città a sposarsi, e lei ogni volta lo cacciava.

Ninna NANNA

Ninghili Nanghili ieva ciancennu,
Petru l'orbu la ieva circannu,
si nan era pi iammi storti,
ninghili nanghili ieva a la morti.

Traduzione

La pecorella stava piangendo,
Il lupo la stava cercando,
se non era per il cane,
La pecorella andava alla morte.

Spiegazione

Una madre cantava questa ninna nanna al suo bambino.

Questa storia narra di una pecorella che stava piangendo, e il lupo la cercava per mangiarsela.

Il cane pastore che controllava il gregge si frappone tra la pecora e il lupo e la salvò dalla morte.

non sono SOLO

Quattru vannu all'acqua a li vadduna
Quattru vannu a ligna a li muntagni,
,Quattru fannu lasagni a cudduruna,
Quattru di iusu e quattru di susu,
e ie m'ha restu ca cu stu caruso".

Traduzione

"Quattro vanno all'acqua al ruscello,
Quattro vanno a legna sulle montagne,
Quattro fanno le lasagne e Biscotti,
Quattro di sopra quattro di sotto,
e io resto qua con questo ragazzino".

Significato

Un vecchio abitava in mezzo ad una campagna abbandonata, quando rimaneva solo con il nipote cantava questa litania.

Voleva far sapere ai malfattori che aveva molte persone intorno, di quattro in quattro sulle montagne e a fare le lasagne.

Si fa suora ROSALIA

Rusulia supra nu monti,
si faciva i sa bun cunti,
lu dimoniu ci dicia:

"Ma maritate a Rusulia!".

"Sugnu bona a maritata,
cu Gesù sugnu spusata,
e la roba nun i mia,
di Gesù i di Maria".

Traduzione

Rosalia sopra il monte,
si faceva i fatti suoi,
il Demonio le ha detto:

"Sposate Rosalia!".

"Sono buona e Sposata,

con Gesù sono sposata,
e le cose non sono mie,
ma di Gesù e di Maria".

Spiegazione

Rosalia si fa suora e il Diavolo vuole tentarla a ritornare alla vita passata e le dice che si deve sposare.

Lei dice gli dice che è sposata con il Signore ed è felice.

nella pubblica PIAZZA

"Nan fu di mamma e patri magistrata,
Oh! Popolu chi di mia ti miravigghi".

Traduzione

"Non fu da mamma e padre insegnata,
Oh! Popolo di me ti meravigli".

Spiegazione

Questa ragazza era la figlia di un Re e di una Regina e veniva sempre assecondata nei suoi voleri.

Nel momento che i genitori le hanno negato un suo capriccio la figlia li ha uccisi.

La ragazza venne portata nella pubblica piazza per giustiziarla, ma lei si difende e dice che i suoi genitori non le hanno dato una guida.

A questo punto il popolo mosso a pietà della ragazza la salva.

si offre alla RAGAZZA

"Si mi dici SI mi chiamo Don Cola,
Si mi dici NO restu Cola comu sugnu".

Traduzione

"Se mi dici SI mi chiamo Don Cola,
se mi dici no resto Cola come sono".

Spiegazione

Nicola era di una famiglia molto ricca e perbene e si era innamorato di una ragazza, del suo stesso ceto sociale, che era rimasta orfana e abitava nel collegio delle suore.

https://www.santodelgiorno.it/santa lucia/santino/

il miracolo di SANTA LUCIA

Mi rissi ma Nonna, quann'era nica:
"Ora ti cuntu 'na storia antica".

Ncapu li ammi mi fici assittari,
e araciu araciu si misi a cuntari:
"Ci fu 'na vota, a Siracusa,
'na caristìa troppu dannusa.
Pani 'un cinn'era e tanti famigghi,
'unn'arriniscìanu a sfamari li figghi.
Ma puru 'mmenzu a la disperazioni,
nun ci mancava mai la devozioni,
e addumannavanu a Santa Lucia,
chi li sarvassi di la caristìa.
Un beddu jornu arrivà di luntanu,
rintra lu portu siracusanu,
'na navi carrica di furmentu,
a liberalli ri 'ddu tormentu.
Pi li cristiani la gioia fu tanta,
chi tutti griravanu "viva la Santa!"

Picchì fu grazii a la so 'ntercessioni,
ch'avìa arrivatu 'dda binirizioni.
Tutti accurrìanu a la marina,
ma era furmentu, 'unn'era farina,
e cu un pitittu ch'un facìa abbintari
'un c'era tempu di iri a macinari.

Pi mettisi subitu 'n'sarvamentu,
avìanu a cociri lu stessu furmentu,
e pi la forma "a coccia" ch'avìa,
accuminciaru a chiamalla "cuccìa".

La bona nova arrivà luntana,
e pi sta màrtiri siracusana,
fu accussì granni la venerazioni,
chi fici nasciri 'na tradizioni.

Passà lu tempu di la caristìa,
e arristà l'usanza, pi Santa Lucia,
di 'un fari pani, di 'un cociri pasta,
e di manciari la cuccìa e basta.

Ma lu sapemu, ci voli picca,

e l'usanza di scarsa addiventa ricca.
A ognunu ci vinni la bedda pinzata,
di priparalla chiù elaborata.

Cu ci mittìa lu biancumanciari,
e cu vinu cottu ci vosi 'mmiscari.
Cu ci vulìa lu meli ri ficu,
e tanti atri cosi chi mancu ti ricu.

Ma je vulissi sapiri, a la fini,
di runni spuntaru li beddi arancini?
E m'addumànnu di quali manu,
nasceru panelli e risattianu.

E amentri chi me nanna si sfirniciàva,
a mia lu stommacu mi murmuriava,
e mi ricordu chi ci avissi rittu:
"nonnò, zittemuni ch'haiu pitittu!"

Morale: a storia insegna,
ca si stainnata esageri,
nun jè cchiù devozione ma manciunaria.

Traduzione

Mi disse mia nonna quand'ero bambina:
"Ora ti racconto una storia antica'.

Sulle sue gambe mi fece sedere
e adagio adagio ha cominciato a raccontare:
"C'è stato un tempo, a Siracusa,
una carestia troppo rovinosa.
Non c'era pane e tante famiglie
non riuscivano a sfamare i figli
Ma nonostante la disperazione
 non mancava mai la devozione
a chiedevano a Santa Lucia
di salvarli dalla carestia.
Un bel giorno è arrivata da lontano
nel porto siracusano
una nave carica di frumento
 a liberarli da quel tormento.
Per i cristiani la gioia fu tanta
 che tutti gridavano "viva la Santa!"

Poiché fu grazie alla sua intercessione,

che c'era arrivata questa benedizione.

Tutti correvano alla marina,
 ma era frumento, non era farina
e con la fame che non lasciava riposare
non c'era tempo per andare a macinare.

Per mettersi subito in salvo
 dovevano cuocere il frumento
e per la forma a "chicchi" che aveva
conciarono a chiamarlo 'cuccìa'.

La buona notizia arrivò lontana
e per questa martire siracusana
fu così grande la venerazione
 che fece nascere una tradizione.

Passò il tempo della carestia
e rimase l'usanza, nel giorno di Santa Lucia,
di non fare pane, di non cuocere pasta,
ma di mangiare la "cuccìa" e basta.

Ma lo sappiamo, basta poco

che l'usanza da scarsa diventa ricca.
 A qualcuno venne la bella idea
di prepararla più elaborata.

Chi ci aggiungeva il "biancomangiare"

e chi voleva mischiare il vino cotto.
Chi voleva aggiungere il miele di fico
 e tante altre cose che neanche ti dico.

Ma io vorrei sapere, alla fine,
da dove sono spuntati i begli arancini?
E mi domando da dove sono spuntate
le panelle e le crispelle di riso.

E mentre mia nonna si dilungava,
 a me lo stomaco borbottava
e mi ricordo di averle detto:
"nonna smettiamo di parlare che ho fame!"

Morale: la storia insegna
che se oggi esageri
non è più devozione ma ingordigia.

Significato

Santa Lucia implorata dai Siciliani accoglie la loro preghiere.

Fa arrivare al porto un bastimento carico di grano.

I Siciliani che erano giunti allo stremo delle forze, dovuta all'enorme carestia, non morirono a causa del grano che utilizzavano per farne la farina.

il NULLAFACENTE

Tri uri durmi u iaddu,

quattru uri lu studenti,

cinqu uri tutta genti,

dudici uri dormi lu gnuranti,

chiddu chi nun avi a chiffari di 'nienti

Traduzione

Tre ore dorme il gallo,

Quattro ore lo studente,

cinque ore tutta la gente,

dodici ore dorme l'ignorante,

quello che non ha da fare niente.

Spiegazione

Quando una persona non vuole fare nulla.

anime del PURGATORIO

Vi preiu 'ncurtisia a tutti l'amici,
l'avirìni na quarte d'anitoriu,
quantu parla a lingua e quantu dici,
quantu vada a lu munni 'ngannatoriu.

La donna di lu stissu tirritoriu,
c'avia un figghiu 'ngalera,
'ncantinatu, priava a l'arma di lu priatoriu,
mi ci livava a so fiugghiu di unn'era.

Oh! Capitano di nova bannera,
mi duni a me figghiu com'e sanu:
"Si tu voi a to figghiu com'e sanu,
m'ha dari centu scudi 'nta li manu".

La donna non ci aveva lu dinaru,
addumannari vosi a si fidili,
ci ammatti un parineddu di sopranu:
"Fammi limosina cu lu cori sanu".
"Unni non c'è principiu, non c'è fini,

Missa non n'haiu dittu tri matini,
sta limosina a mia di unni mi veni?".
"Allura tè sti tri carrini,
m'ha diri na Missa di peni crudili,
e l'arma centu scudi a mia m'ha dari".

Ci ammatti un cavaleri di suprani:
"Donna chi hai chi sini 'ntrubbulata?"
"C'haiu a aviri? Haiu un figghiu 'nta li peni,
cu na catina 'rossa 'incatinatu,.
te sta littira e portila a cu mi voli beni,
si ti la vonnu fari cunzulata".

La donna non sapeva la casata,
e puru a molta genti ni spiau,
e 'mporta, 'mporta la casa 'maparata,
la donna cu la littira arrivau.

Battiu la porta, affaccia la criata,
appressu l'amatu figghlui s'affacciau:
"Tu sta littira? Di cu si mannata?
Donna mi l'ha dari, cu ti l'ha datu?".
"Lu patri vostru di sangu gintili,

si la vidissi lu canuscissi ammezzu,
a quattrucentu lu fiuru".

L'unu frati cu l'autri si chiamaru:
"Ma non sa nenti ca lu patri ni scrissi?".
"U patri e mortu e risuscitau?".
"Si a mia non voli cridiri, sta littira divi liggiri".

Prastu ca si dunassi e si dirissi,
quattru ritratti stampati a stu muru,
'nta lu menzu a me patri ci mitttissi,
chi dilla littira non sugnu sicuru.

La donna prestamenti arribicau:
"E chistu, ma su non cridi juru".
"Prestu fratellu miu,
sbanca 'ssù muru,
paja 'ssà donna senza 'cchiù tardari,
luvamu a nostru patri di lu scuru,
ca di la morti sua era luntanu
e non pinzava lu tempu murituru
ma di campari sempre in eterno di campari".

La donna allura avennu lu dinaru,
subitu pi la galera si nu andau,
'rrivau u determinu e si misi a gridari:
"Prestu lu capitanu 'cca vinissi,
presti lu figghiu miu nisciutu avissi".

"Oh! capitanu di nova bannera
mi duna a me figghiu com'è sanu?".
"Donna vattinni,
e comu non m'appili!?
A tia cu ti li dava li dinari?
N'avèvi unni cadìri e murìri,
ammenzu a quattru mura sempre stavi".

"Oh Capitanu tuttu vò sapiri?
Ora ti cuntu comu mi passau,
limosina accampai, tri carrini,
'na Missa un parrineddu celebrau,
me figghiu non avia fattu un diaspiaciri,
picchissu lu Signuri lu jutau".

Prestu l'afflittu cori arrimuddau:
"Oh carcireri chi si 'ddocu avanti,

Scatini chissu e ci lu lassi iri,
ma di dinari non tinni pigghiari".
"Donna vattinni e paura non aviri,
e preja pi l'arma di cu ti la dau".

"Oh Capitanu cu ti l'ho rinniri?
Ti li renni Diu in Paradisu,
ora e cent'anni c'aviti 'a muriri
si apri la porta di lu Paradisu".

Traduzione
anime del PURGATORIO

Vi prego una cortesia a tutti gli amici,
avete un quarto d'ora per ascoltarmi,
quanto parla la lingua e quanto dice,
quanto va al mondo ingannatore.

La donna della stessa città,
 aveva il figlio in galera,
incatenato, pregava l'anima
che scarcerasse a suo figlio dalla galera.

"Oh! Capitano di forestiero,
mi vuoi fare il regalo di scarcerare mio figlio".

"Si tu voi a tuo figlio,
mi devi cento scudi nella mano".

La donna non ci aveva il danaro,
domando a voi che sei fedele,
incontrava un prete:
"Fammi la elemosina con il cuore".

"Dove non c'è principio, non c'è fine,
Messa non ho detto per tre mattine,
questa elemosina a me da dove mi viene?".
"Allora tu per questi tre soldini,
mi devi dire una messa di pene crudeli,
e cento scudi me li devi dare".

Incontrava un cavaliere:
"Donna che hai sei arrabbiata?
Che hai? Hai un figlio dentro il carcere,
è incatenato con una grossa catena,
tieni questa lettera e portala a chi mi vuole bene,

così che ti aiutano".

La donna non sapeva quale fosse la sua famiglia,
e pure sapeva tutto di tutti,
e daglie, e daglie, la famiglia la trovava,
e la lettera arrivava.

Batteva alla porta, e si affacciava la donna di
servizio,
appresso il figlio del cavaliere si affacciava:
"Tu questa lettera? L'hai mandata?
Donna me la devi dare, chi te l'ha data?".
"Il padre vostro è di buono,

si lo vedessi lo riconoscessi in mezzo,
a quattrocento denari".

Il fratello e l'altro figlio si chiamarono:
"Ma non sai niente di quello che nostro padre ha
scritto?".
"Nostro padre è morto ma che è resuscitato?".
"Se a me non vuoi credere, questa leggi questa
lettera".

Subito la donna si dirige,
verso quattro ritratti stampati sopra il muro,
nel mezzo c'era il padre che ha scritto la lettera,
ma il figlio dice che non è sicuro.

La donna subito:
"E questo, ma su non mi credi".
"Presto fratello mio togliti,
paga questa donna senza più tardare,
togliamo nostro padre dallo sconforto,
che la morte sua abbia pace,
lui non pensava che dovesse morire,
ma di vivere sempre in eterno vive".

La donna allora ha avuto il denaro,

subito si diresse alla galera,
appena arrivata gridò:
"Presto Capitano vieni,
presto fai uscire mio figlio".
"Oh! Capitano forestiero,
mi fai uscire mio figlio?".
"Donna vattene,

e come non mi chiami?
A te chi ti ha dato il danaro?
Come hai fatto se stavi sempre,
in mezzo a quattro mura".

"Oh Capitano tutto vuoi sapere?
Ora ti racconto come sono andati i fatti,
elemosina ho fatto, tre soldini,
la messa un sacerdote ha celebrato,
mio figlio non aveva fatto niente,
per questo il Signore lo ha aiutato".

Presto l'afflitto cuore ammorbidito:
"Oh! carcerieri mettetevi davanti,
scatenatelo questo e lo lasciatelo andare,
ma il denaro non dovete prendere".
"Donna vattene non devi avere paura,
e prego per l'anima di chi ti ha dato i soldi".
"Oh Capitano te li rende?
Te li rende Dio in Paradiso,
quando fra cent'anni morirete,
trovate aperta la porta del Paradiso".

Spiegazione

Una donna aveva il figlio in carcere, e lo voleva far scarcerare.

Prega il carceriere di liberare suo figlio ma le chiede dei soldi.

Lei non aveva molti soldi, va dal prete e gli chiede di dire una messa in favore del figlio. Il prete le dice di non avere recitato messe da alcuni giorni e che non poteva soddisfare la sua richiesta. La donna uscita dalla chiesa incontra un cavaliere che la vede disperata la vuole aiutare e le dice di portare una lettera ai suoi figli. I figli, dato che il padre era morto, non credono alle parole della donna. Sul muro c'era una fotografia e in mezzo ad altre persone c'era il cavaliere che aveva incontrato, subito indicò la persona e la fece vedere ai figli. Allora i figli si fecero convinti che la donna avesse incontrato il fantasma del padre che era in apprensione per la sorte di quella donna.

Per far quietare l'anima del padre morto i figli diedero i soldi alla donna.

La donna subito va dal carceriere per dargli i soldi, e lui le chiede come ha fatto ad averli. Lei gli racconta quello che è successo e lui fa uscire suo figlio senza avere nessuna ricompensa. La donna gli dice che ricompensa l'avrà quando morirà perché avrà la porta del Paradiso aperte.

Tri, Tri e Tri

Tri, tri e tri,
setti fimmini pi un tarì;
un tarì e troppu pocu,
setti fimmini pi un pircocu;
lu pircocu è troppu duci,
setti fimmini pi na nuci;
e la nuci è troppu dura,
setti fimmini pi na mula;
e la mula tira cauci,
setti fimmini pi na fauci;
e la fauci e tagghienti,
setti fimmini pi un sirpenti;
lu sirpenti e muzzicaloru;
setti fimmini pi un citrolu;
lu citrolu e troppu duci,
setti fimmini pi na vuci;
e la vuci, vola vola,
va a l'aricchi d''u zu Nicola.
Olè!

Traduzione

Tre, tre e tre,
sette femmine per una moneta;
una moneta e troppo poco,
sette femmine per una frutta;
la frutta è troppo dolce,
sette femminine per una noce;
e la noce è troppo dura,
sette femmine per una mula;
e la mula tira i calci,
sette femmine per una falce;
e la falce e tagliente,
sette femmine per un serpente;
i serpenti li mozzicarono;
sette femmine per un cetriolo;
il cetriolo è troppo dolce,
sette femmine per una voce;
e la voce, vola vola,
va all'orecchio di zio Nicola
Olè!

224

PROVERBI

https://pixabay.com/it/

Ognuno tira a brace a sa cudduruna.
Ognuno tira la brace a sé.

Sempi ti amu i ti purtu rispettu, i sempi pinsu a
chiddu chi m'hai fattu.
Sempre ti amo e ti porto rispetto, e sempre penso a quello
che mi hai fatto.

Lu sunnu nun ne facci beddi massimamente a li
beddi zitedde.
Il sonno non ci fa belli soprattutto alle belle ragazze.

A matina middi e middi i a sira an chicchiriddi.
La mattina a mezzo a mezzo e la sera

Ora lu ma core sti contentu chi mastru Ciccu Paolu esti in croci.

Ora il mio cuore è contento quando mastro Cicco Paolo sta in croce.

Manciari manciammu, biviri bivimmu, a Cimbali nu vulimmo.

Mangiare mangiammo, bere abbiamo bevuto, a Cimbali non lo vogliamo.

Megghiu oggi l'ovu, chi dumani a jaddina.

Meglio un uovo oggi, che domani la gallina.

Nuddu te roba se non cu ti sape.

Nessuno ti ruba se non chi lo sa.

Gisù fice la morti, morì iddu pi nun lassare rancurusu a nuddu.
Gesù è andato a morte, morì lui per non lasciare rancore a nessuno.

Fa debiti, fa debiti, nun ti fari malpatiri, cu debiti e senza debiti, carzaratu nun si poti iri.
Fai debiti, fai i debiti, non ti fare patire, con i debiti e sensa debiti, carcerato non si può andare.

Si una duna un cauci, ad ogni petra chi incuntra, a sira resta senza pedi e senza scarpi.
Se una da un calcio, a ogni pietra che incontra, a sera resta senza piedi e senza scarpe.

Di luci i di pirpituo splinduri, riposi eterni datici Signuri.

Di luce e di perpetuo splendore, riposo eterno dateci Signore.

U freddu mi noce, e u caudu mi coce.

Il freddo mi nuoce e il caldo mi cuoce.

Chiovi nivica e malutempo fa, cuieni ncasa dauitri, megghiu mi si ni va.

Ma chi diciti Asinu Cumpari sugnu a lu sciuttu e mi ni vaiu a bagnari.

Piove nevica e maltempo fa, chi e in casa d'altri meglio che se ne va.

Msa cosa dici asino compare sono all'asciutto e me ne vado a bagnarmi.

Fa beni e scurditillu, fa mali e pensici.

Fai bene e scordalo, fai male e pensaci.

Cu mali fa, mali aspetti.

Chi male fa, Male si aspetta.

Mercuri dintra, e sumana e fora.

Mercoledi dentro, e una settimana fuori.

Lu saturo nun cridi a lu diunu, lu poveru nun cridi a lu mischino.

Il sazio non crede al povero, il povero non crede al meschino.

Chiddu chi fai aviri fattu.

Quello che fai hai fatto.

Quannu mori a burritta arriva a scunfitta.

Quando muori il cappello arriva la sconfitta.

Cu mamma e patri nun rispetti, iorna curti e 'nfernu aspetti.

Chi mamma e padre non rispetta, giorni corti e inferno ti aspetta.

Cu n'ascuta mamma e patri, bona fine nan ni faci.

Chi non ascolta la mamma e il padre non fa una buona fine.

Quannu ti vidi campari filici, veni la morti e ti dispiaci.

Quando ti vede vivere felice, arriva la morte e si dispiace.

I morti testa cu testa, e vivi fannu festa.

I morti testa con testa, e i vivi fanno festa.

A soggira cu a nora, coma a iatta cu a cagnola.

La suocera con la nuora, come la gatta con il cane.

I frati chi sururi i chiu nimici capitali.

I frati con le suore i nemici capitali.

I parenti malividenti.

I parenti vedono sempre il male.

Megghiu u ma denti, chi ma parenti.

Meglio i miei denti, che i miei parenti.

Cu dissi, dissi Pilato scrissi.

Che disse, disse Pilato scrissi.

Meggiu murire, chi malu campari.

Meglio morire, che male campare.

Tali patri, tali figghi, nun vi fati miravighia.

Tale padre, tali figli, non vi fate meraviglia.

La mamma è l'arma, cu la perdi na vadagna.

La mamma è l'anima, chi la perde non guadagna.

U mangiari e di ragiuni, cu nun mancia a vista, mancia ammucciuni.

Il mangiare è giusto, chi non mangia a vista, mangia di nascosto.

Quannu u diavolo t'accarizza, voli l'arma.

Quando il Diavolo ti accarezza, vuole l'anima.

Amiche i cumpari, u bisugnu pari.

Amiche e compari, al bisogno vengono.

I parenti du maritu, aciti comu acitu, i parenti da mugghieri, duci comu o mele.

I parenti di mio marito, acidi come l'aceto, i parenti della moglie, dolci come il miele.

Cu prima nun pensa, all'ultimu suspira.

Chi prima non pensa, all'ultimo si pente.

Cu avi lingua arriva a Roma.

Chi ha lingua arriva a Roma.

Cu desidera u mali all'autri, u suou l'avi arreri a porta.

Chi desidera il male degli altri,i suoi avi sono dietro la porta.

A tavula ieni stisa, cu nan mancia perdi a spisa.

La tavola è apparecchiata, chi non mangia perde la spesa.

Cu campa senza faresi lu contu, mori senza fari tistamentu.

Chi campa senza farsi i conti, muore senza fare testamento.

A roba di l'avaru, sa mancia u sciampagnuni

La roba dell'avaro, se la mangia lo spendaccione.

Pane e alivuzzi, servuzzi di Diu.

Pane e olive, servi di Dio.

Cu preia si sarva, cu nun preia si danna.

Chi prega si salva, chi non prega si danna.

Ama a cu ti ama, e rispunni a cu ti chiama, amari chi nun ama, tempu persu.

Ama chi ti ama, e rispondi a chi ti chiama, amare chi non ama, tempo perso.

Cu avi tempu, nun aspetti tempu.

Chi ha tempo, non aspetta tempo.

Curchiti Vicenzu, chi eiu nesciu.

Dormi Vincenzo, che io esco.

Megghiu muriri chi lassari, a campari e disiari.

Meglio morire che lasciare, che campare e desiderare.

Cu' è picciottu è riccu.

Chi è giovane è ricco.

Megghiu muriri di morti sepultura, e non cu mozzicuni i zazzamira.

Meglio morire di morte e sepoltura, e non con un mozzico di geco.

Cu voli mali a chista casa, avi a cripari prima chi trasi.

Chi vuole male a questa casa, devi crepare prima che entra.

Cu campa vecchiu si fa'.
Chi vive diventa vecchio.

Cu pi figghi si disfrazza, vonnu esseri pigghiati cu na mazza.
Chi per i figli si pena, vogliono essere pigliati a mazzate.

Luntanu di l'occhi, e luntanu du cori.
Lontano dagli occhi, lontano dal cuore.

Cincu chiaie, cincu spini, cincu rosi, Gesu Cristo a cosi vosi, pecca ma nora miserere me.
Cinque chiodi, cinque spine, cinque rose, Gesù Cristo così è voluto, peccato misericordioso.

Matrimoni e vescuvadi, di lu celu su mannati.

Matrimoni e vescovi, dal cielo sono mandati.

U risultatu si vidi, a scinnuta u tribunali.

Il risultato si vede, appena sceso il tribunale.

U carcere e a sipultura, ieni a chiu sicura.

Il carcere e la sepoltura, e più sicura.

A casa capi, quantu voli u patruni.

A casa è piena, quanto vuole il padrone.

Matrimoni e uoi, dei paesi tuoi.

Matrimoni e buoi, dei paesi tuoi.

Cu vauto si ietta, in terra ricadi.

Chi alto si getta, in terra ricade.

Pinsa la cosa avanti chi la fai, chi la cosa pinsata e bella assai.

Pensa la cosa prima che la fai, che la cosa pensata è bella assai.

Mi maritavi pi aviri lu spassu, lu munnu lu truvavi a lu ruversu.

Mi maritavo per avere lo spasso, il mondo lo trovavo al rovescio.

Si eri testa du maiali, c'era chi pigghiari chi lassari, iene testa di conigghiu, nenti u patri i nenti u figghiu.

Se era la testa del maiale, c'era chi pigliava chi lasciava, nella testa del coniglio, niente al padre e niente al figlio.

Bun vicchiu c'ha visti, chi tri pedi n'avisti, s'avivi tri pedi, bun vicchiu nun cadevi.

Buon vecchio che ha visto, che tre piedi non avevi, se avessi avuto tre piedi, buon vecchio non saresti caduto.

A tia ca biveri sto basilicò, dimmi quanti pampini cenn'è, e tu figghiu di Re incurunatu, dimmi quanti stiddi c'è, quantu stiddiatu.

A te che bevi questo basilico, dimmi quanti mancanze ci sono, e tu figlio del Re incoronato, dimmi quante stelle di sono, quante stellate.

Megghiu un'asino vivu, chi nu dutturi mortu.

Meglio un asino vivo, che un dottore morto.

Cu pecura si fa, u lupu sa mancia.

Chi pecora si fa, il lupo se la mangia.

Iri a tavula e nun manciari, iri a lettu e nun durmiri, aspittari e nun viniri, su tri peni di muriri.

Andavo a tavolo e non ho mangiato, andato a letto e non ho dormito, ho aspettato e non sei venuto, ho pena che sei morto.

L'avaru e comu u porcu, e bonu dopu mortu.

L'avaro e come il porco, e buono dopo morto

Megghiu ubbidiri chi santificari.

Meglio ubbidire che santificare.

Megghiu perderi, chi straperderi.

Meglio perdere, che straperdere.

Megghiu pani i cipudda, cu tanticchia di paci, chi filettu arrostutu cu st'unfernu.

Meglio pane e cipolla, chi un poco di pace, che il filetto arrosto con questo inferno.

Caliti iuncu chi passa i china.

Abbassati che passa.

U poviru e u malatu, nu voli u parintatu.

Il povero e il malato, non vuole i parenti.

Eri pirera e nun facisti pera, ora si ni santu e vo fari miraculi.

Eri un albero e non hai fatto pera, ora che sei santo vuoi fare i miracoli.

Cu dormi nun pigghia pisci.

Chi dorme non piglia pesci.

Cu picca parlau, mai si pintiu, ed assai guadagnau.

Chi poco parla, mai si pente, e assai ha guadagnato.

Pi mezzu d'amici i parenti i santi, si vadi in paradisu eternementi.

Per mezzo di amici dei parenti e dei santi, si va in paradiso eterno.

Mi sturi metticinni na visazza, consila comi voi sempri a cucuzza.

Metti una zucchina, come vuoi vuoi è sempre una zucchina.

Quantu vali l'unori di lu frunti, nun vali un palazzu di petri brillanti

Quanto vale l'onore della fronte, non vale un palazzo di pietre brillanti.

Ce vonnu zucca di milli cantari, lu focu di la pagghia pocu dura.

Ci vogliono i legni grossi, se no il fuoco con la paglia non durano.

Nun ce chiu surdu, di chi nu vo sintiri.

Non c'è più sordo, di chi non vuole sentire.

A lingua non ave ossa, e rompe l'ossa.

La lingua non ha le ossa, e rompe le ossa.

Lu lettu è santa cosa, cu nun dormi sarriposa, casuzza mia si ritanta mia.

Il letto e una santa cosa, chi non dorme si riposa, casa mia sei mia.

Cu pati p'amori, nun senti duluri.

Chi patisce per amore, non sente dolore.

A issara mentri eni china si sgavita, quannu e vacanti chi cha sgavitari.

A giara mentre è piena si risparmia, quando è vuota cosa devi risparmiare.

Cu picca avi caru teni.

Chi poco ha caro tiene.

Nun lassari a dumani, chiddu chi pu fari oggi.

Non lasciare a domani, quello che puoi fare oggi.

Panza china fa cantari, e no cammisa nova, a vitedda e Don Nicola, a manciammu a uora uora.

Panza piena fa cantare, e no camicia nuova, la vitella di Don Nicola, la mangiamo ora.

Avanti cu medicu studiu, u malatu sinni vadi.

Quando il medico ha studiato, il malato se ne va.

Cu mori mori, cu campa campa, basta chi campa pecora ianca.

Chi more more, chi campa campa, basta che campi la pecora bianca.

Impara l'arti e mettila da parti.

Impara l'arte e mettila da parte.

Chiana, chiana monicu Santu chi ncelu ti voli Jesù, prima acchiana la cascittina, poi appresso achiani tu.

Vieni, vieni monaco Santo che in cielo ti vuole Gesù, prima fai salire la cassettina, poi appresso Sali tu.

Cu ti voli beni ti fa cianciri, cu ti voli mali ti fa ridiri.

Chi ti vuole bene ti fa piangere, chi ti vuole male ti fa ridere.

Cu' nesci, arrinesci.

Chi esce, riesce.

Si voi gabbari lu to' vicinu, cucchiti prestu e susiti matinu.

Se vuoi superare il tuo vicino, vai a dormire presto e svegliati di buon mattino.

A cu pozu, a cu nun pozu, a ma mughieri a pozu.

A chi porto, a chi non porto, a mia moglie porgo.

Pecura Nira, Pecura ianca cu mori mori e cu campa campa!

Pecora Nera, Pecora bianca chi muore muore, e chi campa campa.

Austu è capu di 'nvernu.

Agosto inizio d'inverno.

Megghiu 'na vota arrussicari chi centu voti aggianniari

Meglio una volta arrossire, che cento volte impallidire.

L'anni su pisanti comu u chiummi, fino a quaranta si ponnu purtari, di quaranta a cinquanta sempri è munnu, ma di sissanta a sittanta nun c'è chiù munnu.

L'anima e pesante come i chiodi, fino a quaranta si possono portate, da quaranta a cinquanta sono sempre al modo, ma di sessanta a settanta non di possono portare.

A morti nun veni mai senza scasciuni.

La morte non viene mai senza scusa.

Prima Natali nan friddu a nan fami, dopu natali lu friddu e la fami

Prima di Natale non c'è freddo, dopo Natale c'è il freddo e la fame.

Prima ti facisti calluvari, e ora ti faci a quaresima.

Prima ti facesti il carnevale, e ora ti fai la quaresima.

Biniditta chidda pasta, chi lu venneri s'impasta.
Maliditta chidda trizza, chi lu venniri s'intrizza.

Benedetta quella pasta, che il venerdì sìimpasta,
Maledetta quella treccia, che il venerdì s'intreccia.

Aprili annoia fighioli.
Aprile annoia i figli.

Mettiti chi megghiu i tuoi, e appizzici i spisi.

Mettiti con le persone superiori, a tu spenni i soldi.

Pareva chi camminava mortu mortu, e di petri mì inchiu lu virtuluni, speranza datru la pignata mette, nun c'è bisognu di lavari piatti.

Pareva che camminasse morto morto, e le pietre le metteva nel sacco, speranza d'altri e mette la pentola, non c'è bisogno di lavare i piatti.

Na mamma e nun patri a cento figghi i campanu, cento figghi nun ponnu campari a na mamma e nu patri.

Una mamma e un padre cento figli campano, cento figli non possono campare una mamma e un padre.

Lu tempu e cavaleri e si pigghia comu veni.

Il tempo è cavaliere e si piglia come viene.

Frevaro freva l'ora, ogni tinta iaddina fici l'ova.

Febbraio fredda l'ora, ogni mattina la gallina fa l'uovo.

Marzu m'ha rifaccio, aprile me ne venne a vidi.

Marzo mi riprendo, aprile mi viene a vedere.

Quannu u povero duna o ricco, u diavulu sinni preia.

Quando il povero dona al ricco, il diavolo prega.

Bontempu e maltempu nun dura tuttu u tempu.

Buontempo e maltempo non dura tutto il tempo.

Tummina,tummina sunno li guai, cu n'ave picca e cu n'avi assai.

Tumolo, tumolo sono i guai, che ne ha pochi e chi ne ha assai.

Signuri come sazziasti a mia,sazziati a mia arreri, chi i puvireddi ci sannu stari.

Signore come saziate a me, saziate e me,che i poverelli ci sanno stare.

Diu nni scanzi di quattru pirsuni: medici, nutari, spiziali e mali patruni

Dio ci liberi da quatrro persone: da medici, notai, speziali e cattivi padroni.

A morti nun c'è riparu.

Alla morte non c'è riparo.

E chi mi servi a mia l'amari tantu, ca zappu all'acqua e siminu a lu vientu.

Che mi serve amare tanto se è come zappare nell'acqua e seminare al vento.

Va leviti d'avanti sparapaulu ca l'amuri pri forza e sempri trivulu.

Togliti dai miei occhi poveraccio che amarsi per forza diventa sempre lamento.

Si amuri novu si pigghia lu locu scurdari non si po' l'amuri anticu.

Se un amore nuovo piglia posto ad uno vecchio questo non si può scordare.

Sbaghiannu si impara.

Sbagliando si impara.

Francu trasu, e Francu n'esci.

Franco entra, e Franco esce.

Natali o' suli, Pasqua o' tizzuni.

Natale al sole Pasqua vicino al camino.

U firramenti caudo si arritira.

Il ferramenta e caldo e si ritira.

Vinu amaru tenilu, caru.

Il vino amaro conservalo con cura.

Cu mangia fa muddichi.

Chi mangia fa briciole.

A Calluvari ogni scerzu vali.

Carnevale ogni scherzo vale.

Canta chi ti passa.

Canta che di passa.

Cu mania non disia.

Canta che di passa.

L'oziu i patri di vizi.

Chi possiede non desidera.

Saluti i baci, paga la tazza i taci.

L'ozio è il padre dei vizi.

Di manciari nun si perdi tempi.

Di correre non si perde tempo.

Accatta e pentiti.

Prendi e pentiti.

Cu iavi sordi picca, cunta sempri.

Chi ha pochi soldi, conta sempre.

Cu troppu parlare assai si pintiu.

Chi troppo parla e assai si pente.

Lassamu fari a Diu che Patri granni.

Lasciamo fare a Dio che è Padre grande.

U dito cu sano tocca, sanu sciogli.

Il dito sano si fascia, se è sano si sfascia.

Bacici i mani a cu si merita tagliati.

Bacia le mani a sé le merita le tagliate.

Maiu comu vaiu vaiu.

Maggio come va va.

Mali nun fari paura nun aviri.

Male non fare paura non avere.

Tanti testi, tanti mazzi.

Tante teste, tante mazzi.

Cane chi abbaia assai, muzzica picca.

Cane che abbaia tanto mozzica poco.

Aprile nan levari e nan mittiri.

Aprile non levare e non mettere.

Lu pani nun stufa mai.

Il pane non stanca mai.

Scupa nova scruscio fa.

Ciò che è nuovo fa scalpore.

Occhi nan vidi e cori nan doli.

Occhio non vede cuore non duole.

Luntano da l'occhi e luntano dal core.

Lontano dagli occhi lontano dal cuore.

Cu mania nun disia.

Chi possiede non desidera.

Cu sparti havi la megghiu parti.

Chi divide ha la, parte migliore.

Munti cu munti non si iunciunu mai.

Due monti non s'incontrano mai.

Tantu va a quartana all'acqua finu ca si rumpi.
Tanto si adopera la brocca che alla fine si rompe.

Amaru cu havi bisognu d'autri.
Guai ad avere bisogno degli altri.

Cu havi cchiù Sapi cunzà a minestra.
Chi ha più sale condisce la minestra.

Lu veru amuri non senti cunsigghiu.
Chi ama veramente non ascolta i consigli altrui.

Cu si pigghia pi doti la muggheri dulurusa farà
lu so campari.
Se sposi una moglie malata sarà la sua medicina.

Pi tanti cunsigghi la navi si sfasciu 'mmensa li scogghi

Troppi consigli sono spesso pericolosi tanto che la nave si fracasso sugli scogli.

Aspittari e non veniri, jri a tavula e nun manciari, jri a lettu e nun durmiri su` tri peni di muriri.

Aspettare qualcuno che non viene, andare a tavola e non mangiare, andare a letto e non dormire sono tre pene da morire.

Quannu la lingua voli parrari, divi prima a lu cori dimannari.

Quando la lingua vuole parlare, deve prima chiedere al cuore.

Assai vali e pocu costa a malu parlari bona risposta.

Una buona risposta a cattive parole vale molto e costa poco.

Cu unn'è abituatu a brachi novi, un paru chi n'avi, si caca tuttu.

Chi non è abituato a pantaloni nuovi, appena ne ha un paio se ne vanta esageratamente.

Servu d'autru si fa cu dici lu sigretu chi sa.

Chi racconta i propri segreti si fa servo degli altri.

I spini ne' carni i lavutri su comu a sita.

Le spine nella pelle degli altri sono come la seta.

Cu pava prima, mangia pisci fitusu.

Chi paga prima, mangia pesce marcio.

Amuri, biddizzi e dinari sunu tri cosi ca nun si ponu ammucciari.

Amore bellezze e denaro sono tre cose che non possono essere nascoste.

A puvirtà unn' è virgogna, ma mancu preju.

La povertà non è una vergogna, ma neanche pregio.

Cu voli beni, un senti fetu d'agghia.

Chi vuol bene non sente la puzza dell'aglio.

Cu s'affuca chi sò manu, nun c'è nuddu ca u chianci.

Chi si strozza con le proprie mani, non ha nessuno che lo piange.

Cu accurza allonga e cu allonga accurza.

Chi vuole fare le cose in fretta alla fine perde più tempo.

Cu voli beni, un senti fetu d'agghia.

Chi vuol bene non sente la puzza dell'aglio.

Cummannari è megghiu ri futtiri.

Comandare è meglio di fottere.

Acqua, cunsigghiu e sali a cu n`addumanna `nun ci dari.

Acqua, consiglio e sale non darne a chi non te ne chiede.

U tempu e a spirienza fannu nasciti a prurienza.

Il tempo e l'esperienza fanno maturare la prudenza.

U rispettu è misuratu, cu lu porta l'havi purtato.

Il rispetto è misurato, chi lo porta lo riceve.

A prima vasata è arrubbata, a sicunna è arrigalata.

Il primo bacio è rubato, il secondo è regalato.

Cu travagghia si fa lu immu, cu talia si fa lu giummu.

Chi lavora si fa la gobba, chi non lavora si arricchisce.

Mugghieri onesta, trisoru ca resta.

Moglie onesta, tesoro che resta.

Cu lassa a vecchia ppà nova tintu s'attrova.

Chi lascia la vecchia per la nuova si troverà male.

Prima di parlari mastica li paroli.

Prima di parlare mastica le parole.

A lu galantomu ogni paisi è patria.

Ogni paese al galantuomo è patria.

Voi sapiri qual'è lu megghiu jocu? Fà beni e parra pocu.

Vuoi sapere qual'è il miglior gioco? Fai del bene e parla poco.

Cu avi la cummirità e `un si nni servi mancu lu cunfissuri lu pò assolviri.

Chi ha la possibilità di vivere bene e non la sfrutta non può essere perdonato neanche dal confessore.

Ovu d`un`ura, pani d`un jornu e vinu d`un annu `un ficiru mai dannu.

Uovo di un ora, pane di un giorno e vino di un anno non hanno fatto mai male.

Quannu lu jardinu e siccu, s'abbivira.

Quando il giardino e arido, si innaffia.

Li sordi di lu `Nfinfirinfì si li mancia lu `nfinfirinfà.

I soldi guadagnati in modo disonesto vengono spesi male.

Si ad ogni cani chi abbaia ci vò tirari `na petra `un t`arrestanu vrazza.

Se vuoi tirare una pietra ad ogni cane che abbaia le tue braccia non ce la faranno.

Quannu 'u piru è fattu casca sulu.

Quando la pera é matura cade da sola.

Cu si innamura di capiddi e dienti, s'innamura di nienti.

Chi si innamora dei capelli e dei denti, non s'innamora di niente.

Scàcciti juncu ca passa la china.

Piegati giunco perché passa la piena.

Lu sceccu porta a pagghia, e lu sceccu si la mancia.

L'asino porta la paglia, e l'asino se la mangia.

Ri chiddu chi viri, pocu ni criri; ri chiddu chi senti, nun cririri nenti.

Credi poco a quello che vedi e per nulla a quello che senti.

Quannu la lingua voli parrari, divi prima a lu cori dimannari.

Quando la lingua vuole parlare, deve prima chiedere al cuore.

Du` su` i putenti, cu avi assà e cu nun avi nenti.

Due sono i potenti, chi ha tanto e chi non ha niente.

Cu unn'è abituatu a brachi novi, un paru chi n'avi, si caca tuttu.

Chi non è abituato a pantaloni nuovi, appena ne ha un paio se ne vanta esageratamente.

Cu accatta abbisogna di cent'occhi; cu vinni d'unu sulu.

Chi compra ha bisogno di cento occhi; chi vende di uno soltanto.

Li guai di la pignata li sapi la cucchiara chi li rumina.

I guai della pentola li conosce solo il cucchiaio che li mescola.

Lassa chi mangiari e non chi fari

Lascia da mangiare ma mai ciò che devi fare.

Quannu c'è broru assai minuzza pani, accussi si fannu li scialati boni

Quando c'è tanto brodo aggiungi pane e così ti sazierai.

 Falla comu la voi sempri è cucuzza.

Cucinala come vuoi sempre zucca rimane.

Di lu voscu 'na bedda faciana, di lu mari 'na bella murina, di lu ciumi 'n'ancidda di tana, di la jiaggia 'na bedda jiaddina

Da ogni zona la sua preda: dal bosco un fagiano, dal mare una murena, dal fiume un'anguilla e dal pollaio una gallina.

A tavula ci voli facci di monicu.

A tavola ci vuole faccia da monaco ossia mai vergogna.

Tri sonu li boni muccuni: ficu, pessica e miluni

Tre sono i buoni bocconi: fichi, pesche e meloni.

INDICE

* 9 7 9 8 5 4 1 0 1 3 5 0 4 *